Grimm Kardeşler

GRIMM MASALLARI

çeviren: Nihal Yeğinobalı  Resimleyen: Mustafa Delioğlu

Yayın Yönetmeni: Samiye Öz
Yayın Koordinatörü: İpek Gür
Kapak ve İç Tasarım: Gözde Bitir s.
Tasarım Uygulama ve Dizgi: Güldal Yurtoğlu
Düzelti: Fulya Tükel
Kapak Baskı: Azra Matbaası
İç Baskı ve Cilt: Türkmenler Matbaası

1. BASIM: KASIM 2010
ISBN 978-975-07-1243-2

Grimm's Fairy Tales, Jacob/Wilhelm Grimm

Can Sanat Yayınları Yapım, Dağıtım, Ticaret ve Sanayi Ltd. Şti.
Hayriye Caddesi No. 2, 34430 Galatasaray, İstanbul
Telefon: (0212) 252 56 75 - 252 59 89 Faks: 252 72 33
www.cancocuk.com cancocuk@cancocuk.com

Bu kitabın sahibi:

. . . .

grimm kardeşler

Jacob Ludwig Carl Grimm (1785-1883) ve Wilhelm Carl Grimm (1786-1859) adlarını taşıyan Grimm kardeşler, kendi ülkeleri olan Almanya'dan başka çeşitli Avrupa ülkelerindeki sözlü halk edebiyatı ürünlerini derleyerek sözlü kaynaklara dayalı iki yüzden fazla masalı yazıya döküp yayınladılar. Bu masallar yetmişten fazla dile çevrilip tüm dünyaya yayıldı. Böylelikle bu iki kardeşin emekleri, birçok masalın unutulup gitmesini önlemiş oldu. İnsanları umutlarının, acılarının, sevinçlerinin, düşlerinin, korkularının, hayal güçlerinin sonsuzluğunu gördüğümüz bu masalları okuyabilmek, tüm çocuklar için başlı başına bir sevinçtir. Nihal Yeğinobalı'nın Grimm Masalları'ndan seçip titizlikle Türkçe'ye kazandırdığı bu yapıt, her çocuğun mutlaka okuması gereken evrensel masallardan oluşmaktadır.

Grimm Masalları 1
yazarların yayınevimizden çıkan diğer kitabıdır.

GRIMM MASALLARI

2

İçindekiler

karbeyaz ve gülpembe

Bir zamanlar kulübesinde iki küçük kızı ile oturan yoksul bir dul kadın vardı. Kızlarına, kulübenin önündeki iki gül ağacına benzedikleri için Karbeyaz ve Gülpembe adlarını vermişti. Bu kızlar dünyanın en güzel huylu, en terbiyeli, en çalışkan iki çocuğuydu. Ancak Karbeyaz, Gülpembe'den de uslu ve uysaldı. Gülpembe çok zaman kırlarda koşuşup çiçek arar, kelebek tutardı; oysa Karbeyaz daha çok evde oturarak ev işlerinde annesine yardım eder, yapacak başka iş yoksa ona yüksek sesle kitap okurdu. İki kardeş birbirlerini çok seviyor, her zaman el ele dolaşıyor, birbirlerinden asla ayrılmayacaklarını, her şeylerini birbirleriyle paylaşacaklarını söylüyorlardı.

Ormana dalıp böğürtlen toplamayı pek severlerdi ve hiçbir hayvan onlara ilişmezdi. Tavşanlar onların elinden karnabahar yer, ceylanlar yanı başlarında otlar, keçiler çevrelerinde sıçrayıp oynar, kuşlar onlardan hiç kaçmayarak dallarda şakımalarını sürdürürlerdi. Bu iki kardeşin başına hiç kaza gelmezdi. Ormanda gecikip de geceye kaldıkları zaman hemen yosunların üzerine uzanıp sabaha kadar uyurlardı. Anneleri de bunu bildiği için onları hiç merak etmezdi.

Bir keresinde gene böyle, geceyi ormanda geçirmişlerdi. Günün ağarmasıyla uyandıklarında, biraz ötede oturan ışıl ışıl ak giysili, dünya güzeli bir kız çocuğu gördüler. Çocuk ayağa kalkarak onlara tatlı tatlı baktı, sonra hiç sesini çıkarmadan ormana dalıp gitti. Kız kardeşler çevrelerine bakınınca derin bir uçurumun yakınında olduklarını, karanlıkta birkaç adım daha atsalar buraya yuvarlanmış olacaklarını gördüler. Bunu anlattıkları zaman anneleri, "O beyazlı hayalet herhalde çocukları koruyan iyilik perisiydi," dedi.

Karbeyaz'la Gülpembe evlerini öyle temiz tutarlardı ki kapıdan içeri girmek bile bir zevkti. Yazın her sabah Gülpembe ilkin ortalığı toplar, sonra gül fidanlarının her birinden bir gonca kopararak annesine bir buket hazırlardı. Kışın her sabah Karbeyaz ocağı yakıp çaydanlığı kaynamaya koyardı. Çaydanlık bakırdı; ama güzel ovulmuş olduğu için altın gibi parlardı. Akşam, dışarıda kar taneleri düşedursun anne, "Karbeyaz, git kapıyı sürgüle," derdi. Sonra ocak başına otururlardı. Çocuklar yün eğirirken anne gözlüğünü takıp yüksek sesle kitap okurdu. Küçük kuzularını da yanlarına alırlardı. Köşedeki tünekteyse beyaz bir kumru başını kanadının altına sokup rahatına bakardı.

Bir akşam gene böyle otururlarken kapı vuruldu. Sanki birisi içeri girmek istiyordu. Anne, "Çabuk, Gülpembe," dedi. "Çabuk kapıyı aç; belki kardan sığınmak isteyen bir yolcu falan vardır." Böylece Gülpembe gidip sürgüyü çekerek kapıyı açtı. Eşikte üşümüş, zavallı bir insan göreceğini sanıyordu; ama bunun yerine kocaman, iri bir ayı o kara kafasını kapı aralığından içeri uzatmaz mı? Kızcağız bir çığlık koparak içeri kaçtı, kuzu melemeye, kumru tüneğinde çırpınmaya başladı; Karbeyaz da annesinin yatağının arkasına sığındı.

Gelgelelim, Ayı konuşmaya başlayarak, "Korkmayın," dedi. "Size zararım dokunmaz benim. Soğuktan donmuş durumdayım. İçeri girip biraz ısınmak istiyorum."

Anne, "Zavallı Ayı!" dedi. "Gel de şu ocak başına uzan. Ama sakın tüylerini yakma ha!" Sonra, "Gülpembe, Karbeyaz gelin, gelin! Ayı size bir şey yapmayacak. Dürüst bir hayvan o," dedi.

Bunun üzerine kızlar ortaya çıktılar. Yavaş yavaş kuzuyla kumru da korkularını yenerek bu kaba saba konuğa alıştılar.

Ayı içeri girmeden önce, "Çocuklar, gelin de üstümdeki karları silkeleyiverin," dedi. Onlar da süpürgelerini alarak onun üstünü başını temizlediler. Sonra koca Ayı hoşnutlukla homurdanarak ateş başına uzandı.

Çok geçmeden çocuklar bu koca hayvanla oyun oynayıp şakalaşacak kadar samimileştiler. Onun o uzun, kalın tüylerini çekiyor, ayaklarıyla onu gıdıklayıp yere yuvarlıyor, hatta ufak bir değnekle arada ona vuracak kadar işi ileri götürüyorlardı. Ayı onların bütün oyunlarına güler yüzle katlanıyor, ancak biraz hızlı vururlarsa şöyle sesleniyordu:

İlişmeyin, yaramaz
Gülpembe'yle Karbeyaz
Bilin ki bana vuran
Asla gelin olamaz.

Uyku zamanı gelip de çocuklar odalarına gidince anne, Ayı'ya, "İstersen burada, ocak başında uyuyabilirsin," dedi. "Soğuktan, kardan korunmuş olursun."

Şafak söker sökmez iki kardeş, Ayı'yı gene dışarı çıkardılar, o da karların üzerinden uzaklaşıp gitti. Bundan sonra her akşam aynı saatte kapıya gelir oldu. Ocak başına uzanıp çocukların kendisiyle istediklerince oynamasına izin veriyordu. Zamanla bu hayvan dostlarına öyle alıştılar ki sokak kapısını onun için açık bırakmaya başladılar.

Bahar gelip de kırlar, ormanlar yeniden yeşerdiği zaman, bir sabah Ayı, Karbeyaz'a artık onlardan ayrılması gerektiğini, bütün yaz geri gelmeyeceğini söyledi.

Karbeyaz, "Nereye gidiyorsun, peki, sevgili Ayıcığım?" diye sordu.

"Ormana gidip hazinelerimi hain cücelerden korumam lazım. Kışın, toprak donmuşken bu cüceler kovuklarından çıkamazlar. Ama şimdi artık güneşin ısısıyla toprağın buzları çözüldü ya, bu cüceler yeri kazıp dışarı çıkarlar, ne bulurlarsa aşırırlar. Mağaralarına gizledikleri şeyleri bir daha bulmak da kolay olmaz."

Fakat Gülbeyaz onun gideceğini duyunca çok üzüldüğü için kapıyı öyle bir isteksizlikle açmıştı ki Ayı aralıktan sürtünerek geçerken bir parçası mandala takılıp kaldı. Karbeyaz, postta açılan bu deliğin altından bir altın ışıltısı görür gibi olduysa da emin olamadı. Bu arada Ayı hızlı adımlarla uzaklaştı ve çok geçmeden ağaçlar arasında görünmez oldu.

Bir süre sonra, anne kızlarını çalı çırpı toplasınlar diye ormana yollamıştı. Kızlar yola devrilmiş bir ağaç gördüler. Ağaç kütüğünün üstünde hoplayıp zıplayan bir şey vardı; ama kızlar bunun ne olduğunu önce çıkartamadılar. Yaklaşınca bumburuşuk, ihtiyar suratlı, upuzun, bembeyaz sakallı bir cüce olduğunu gördüler. Sakalının ucu, ağaç kütüğündeki bir çatla-

ğa takılmıştı, cüce de onu nasıl kurtaracağını bileme-
yerek zincire vurulmuş köpek yavruları gibi hoplayıp
sıçrayıp duruyordu. Kızlara, o kan çanağına dönmüş,
ateş püsküren gözleriyle bakarak, "Ne bakıp duruyor-
sunuz orada?" diye bağırdı. "Bana yardım eli uzatma-
dan geçip gidecek misiniz yoksa?"

Gülpembe, "Sana ne oldu böyle, küçük adam?"
diye sordu.

Cüce, "Kaz kafalı salak!" diye bağırdı. "Kütüğü
yarıp mutfağım için ufak parçalara ayırmak istiyor-
dum, çünkü bizim nazik yemeklerimiz siz oburların
tıkındığınız şeylere benzemez; odun büyük, ateş gür
olursa hemen dibi tutar. Baltayı bir güzel şu ağaca
saplamışken birden elimden kaymasıyla şu güzelim
sakalım araya sıkışıp kaldı. Bir türlü kurtaramıyorum.
Gülmesenize be, soluk suratlılar! Çok mu tuhafınıza
gitti?"

İki çocuk, cücenin sakalını kütüğün yarığından
çıkartabilmek için ellerinden geleni yaptılarsa da ba-
şaramadılar. Sonunda Gülpembe, "Gidip, bize yardım
edebilecek birini bulayım bari," dedi.

Cüce, "Kuş beyinli, saman kafalı dangalak!" diye
hırlar gibi konuştu. "Gidip başkalarını çağırmanın ne
âlemi var? Zaten siz bile fazlasınız. Başka bir çıkar yol
düşünemiyor musunuz?"

Karbeyaz, "Sabırsızlanma," dedi. "Aklıma bir şey
geldi." Sonra cebinden makasını çıkararak cücenin o
sivri sakalının ucunu kesiverdi!

Cüce özgürlüğüne kavuşur kavuşmaz ağacın kökleri arasında duran altın dolu çuvalını omzuna vurdu, "Aptal insanlar! Şu güzelim sakalımın ucunu kestiler! Canınız cehenneme!" diye homurdana homurdana oradan uzaklaştı. Çocuklara dönüp bakmadı bile.

Bir gün, Karbeyaz'la Gülpembe balık tutmaya gidiyorlardı. Göle yaklaştıkları sırada kıyıda, kocaman, çekirgeye benzeyen bir şeyin suya atlayıverecekmiş gibi sıçrayıp durduğunu gördüler. Koşup gidince cüceyi tanıdılar.

Gülpembe, "Ne yapıyorsun böyle?" diye sordu. "Suya düşeceksin."

Cüce, "O kadar salak değilim!" diye bağırdı. "Kör müsünüz? Şu balık beni dibe çekecek!"

Meğer küçük adam kıyıda oturmuş, oltasıyla balık tutmaya çalışırken rüzgâr çıkınca sakalı oltanın ipine dolanmış. Tam bu sırada oltaya da kocaman bir balık yakalanmaz mı? Cüce onu çekip sudan çıkartamamıştı ve bu çekişmeyi balık kazanacağa benziyordu. Cüce kıyıdaki sazlara, kamışlara tutunmaya çalışıyordu; ama çabaları boşunaydı; çok geçmeden göle düşecekti. Şansına, iki kız kardeş tam o sırada çıkagelmişlerdi. Şimdi cücenin sakalını oltanın ipinden kurtarmaya çalıştılar; ama ne yazık ki bu ikisi iyice birbirine dolandığından ayrılmıyorlardı. Böylece Karbeyaz gene makasını çıkararak sakalın ucundan bir parça daha kesti.

Cüce bunu görünce öfkesinden küplere binerek, "Eşşek kafalı! Neredeyse yüzümü kesiyordun!" diye bağırdı. "Sakalımı bir kez kestiğin yetmiyor mu ki şimdi de en güzel kısmını kırpıyorsun? Artık bizimkilerin içine çıkacak yüzüm kalmadı. Keşke ayakların kırılsaydı da buraya hiç gelmeseydin!" Böyle diyerek sazların arasında duran inci dolu bir torbayı sırtına vurdu, başka tek laf etmeden koştu gitti, kayaların arasında görünmez oldu.

Bu serüvenden birkaç gün sonra anne iki kızını, iğne, iplik, düğme, dantel alsınlar diye kasabaya yolladı. Kızların yolu, üzeri kayalıklı, açıklık bir yerden geçiyordu. Başlarının üzerinde, kocaman bir kuşun döne döne aşağı doğru uçtuğunu ve en sonunda büyük bir kayanın ardına indiğini gördüler. Anında kulakları tırmalayan bir çığlık duyarak koşup bakınca bir de ne görsünler? Koca bir kartal, şu önceden tanıdıkları cüceyi gagasına almış, havalanmaya çalışmıyor mu? İyi yürekli kızlar hemen cüceyi sımsıkı kavrayıp çekiştirmeye başladılar; öyle ki sonunda kartal cüceyi kaçırma çabasından vazgeçerek uçup gitti.

Cüce de, korkusu geçip kendine gelmeye başlar başlamaz o çatlak sesiyle, "Daha dikkatli tutamaz mıydınız beni?" diye bağırdı. "Öyle bir çekiştirdiniz ki şu güzelim kahverengi ceketim yırtıldı. İşgüzar şapşallar, siz de!" diyerek içi değerli taş dolu heybesini sırtına vurduğu gibi kayaların arasındaki mağarasına gitti.

İki kız kardeş onun nankörlüğüne alışmışlardı artık. Kasabaya giderek alışverişlerini yaptılar. Dönüşte gene o açıklık yerden geçerken bir köşede cüceyi gördüler. Ters yaratık çevrede kimse yok sandığı için heybesindeki değerli taşları boşaltmış saymaktaydı. Güneşin parlak ışınları altında renk renk taşlar öyle güzel ışıldıyor, öyle göz alıyorlardı ki kızlar durup hayran hayran seyre daldılar.

Cüce onları görünce, "Orada durmuş neden aval aval bakıyorsunuz?" diye bağırdı; yüzü öfkeden mosmor kesilmişti.

O, Gülpembe'yle Karbeyaz'a böyle atıp tutarken birden bir homurtu duyuldu ve ormanın içinden kocaman bir ayı çıkageldi. Cüce korkudan titreyerek yerinden fırladı; ama ayı ona yetişmişti bile.

Cüce, "Ne olur, canımı bağışla, yüce Ayı Reis!" diye yalvardı. "Bütün hazinelerimi sana vereceğim! Bak, şu güzelim mücevherlere! Hepsi senin olsun, yeter ki sen benim canımı bağışla. Zaten benim gibi bücür bir heriften korkacak değilsin ya! Beni yiyecek olsan o koskocaman dişlerinin kovuğuna gitmem! Sen şuradaki iki kızı ye, lezzetli olur onlar, tombul körpe bıldırcınlar gibi. Onları ye, gözünü seveyim!"

Ancak Ayı hiç karşılık vermeden o iri pençesinin tek bir vuruşuyla bücür yaratığı yere yıktı. Cüce bu dakikadan sonra yerinden kıpırdayamadı.

İki kız kardeş tam oradan kaçmaya hazırlanırlarken Ayı arkalarından seslendi:

"Karbeyaz! Gülpembe! Korkmayın! Durun biraz, beni bekleyin."

Kızlar onu sesinden tanıyarak durdular. Ayı yanlarına gelince o boz post birden sırtından düştü, ortaya tepeden tırnağa sırmalar giyinmiş, uzun boylu, yakışıklı bir genç erkek çıktı.

"Ben bir Prensim," dedi genç erkek. "Bu hain cüce, bütün hazinelerimi çaldığı yetmezmiş gibi bana büyü de yapmış, beni lanetlemişti. O ölünceye kadar ayı kılığında ormanda dolanıp duracaktım. Şimdi kötü yaratık hak ettiği cezayı buldu, ben de kurtuldum."

Sonra üçü birden eve döndüler. Bir süre sonra Karbeyaz Prens'le evlendi, Gülpembe de Prens'in erkek kardeşiyle. Cücenin şahane hazinelerini aralarında bölüştüler. Yaşlı anne de onların arasında uzun yıllar mutlu bir ömür sürdü. Bir zamanlar o küçük köy evinin önünde açan gül ağaçları şimdi sarayın bahçesinde açıyor, her yıl eşsiz güzellikte, pembe beyaz çiçekler veriyordu.

küçük çoban

Evvel zaman içinde bir küçük çoban çocuk vardı. Kendine sorulan bütün sorulara bilgece yanıtlar vermekle ün yapmış, ünü her yana yayılmıştı. Öyle ki, adı ülkenin kralının kulağına kadar gitmişti. Kral bu çocuk hakkında duyduklarına inanamayarak onu huzuruna çağırdı.

"Şimdi soracağım üç soruyu yanıtlayabilirsen seni kendi öz oğlum gibi büyüteceğim, burada, sarayda, benim yanımda yaşayacaksın," dedi.

Çoban Çocuk, "Nedir bu üç soru?" diye sordu.

"İşte birincisi: Denizde kaç damla su vardır?"

Çoban Çocuk, "Sayın Kralım," diye yanıtladı. "Emir verin, yeryüzünün tüm akarsuları durdurulsun, ben damlaları sayıncaya kadar denize hiç su akmasın, o zaman ben size denizde kaç damla su olduğunu söyleyebilirim."

Kral, "İkinci soru da şu," dedi. "Gökyüzünde kaç yıldız vardır?"

Çocuk, "Bana büyük bir parça kâğıt verin," dedi. Sonra bu kâğıda iğne ucuyla sayısız minicik delik deldi. Bu delikler öyle küçük ve çoktu ki saymak isteyenlerin gözleri karışıyordu. Çocuk, "Bu kâğıtta kaç delik varsa gökte de o sayıda yıldız var," dedi. "Haydi, saysanıza!"

Ancak hiç kimse bu delikleri sayamadı.

Bunun üzerine Kral, "Şimdi de üçüncü soru," dedi. "Sonsuzlukta kaç saniye vardır?"

"Efendim, Aşağı Pomeranya'da elmas gibi yalçın kayalı, sarp bir dağ vardır; yüksekliği bir mil, genişliği gene bir mil, derinliği de bir mildir. Her bin yılda bir kez, bir kuş buraya gelip gagasını kayaya sürter; işte bütün dağ aşındığı zaman sonsuzluğun ilk saniyesi sona ermiş olacaktır."

Kral, Çoban'a, "Sorularımı tam bilginler gibi yanıtladın," dedi. "Bundan böyle sarayda, benim yanımda yaşayacaksın, seni öz oğlum gibi büyüteceğim."

cam tabut

"Terzilerin çok yer gezip yüksek ve şerefli konumlara gelme olanağı yoktur," diyenlere sakın inanmayın. Bir terzi doğru saatte doğru yere giderse, hele şansı da varsa her şey olabilir.

İşte böyle, akıllı, uyanık bir terzi çırağı günlerden bir gün yollara düştü ve bir süre sonra büyük bir ormana geldi. Yolu bilmediği için burada kayboldu. Derken gece indi; delikanlımızın artık yatacak bir yer aramak dışında yapabileceği bir şey yoktu. Yumuşak yosunlardan rahat bir döşek yapabilirdi; ama ormandaki vahşi hayvanları düşündükçe öyle korkuyordu ki sonunda geceyi ağaç üstünde geçirmeye karar verdi. Ulu bir meşe ağacını seçti ve üstüne tırmandı. Burada, esen sert rüzgârda titreyerek birkaç saat geçirdikten sonra birden, yakında bir yerde yanan bir mumun ışıltısını fark etti. Bunun bir ev olabileceğini, orada buradakinden daha rahat edebileceğini düşünerek dikkatlice aşağı indi, ışığa doğru yürüdü. Az sonra sazlardan, kargılardan yapılma bir kulübeye geldi, cesaretini toplayıp kapıya vurdu. Kapı kendiliğinden açıldı ve genç adam içeride çok yaşlı, ak sakallı bir adam gördü. Bu adamın sırtında rengârenk çaputlardan yapılma bir giysi vardı. İhtiyar boğuk sesle, "Sen kimsin, ne istiyorsun?" diye sordu.

Genç adam, "Ben yoksul bir terziyim," diye karşılık verdi. "Bu ormandan geçerken birden gece bastırdı. Ne olur, izin ver de sabaha kadar burada kalayım."

İhtiyar, "Git işine!" diye tersledi delikanlıyı. "Ben serserileri evime almam. Kendine başka bir yer ara."

Böyle diyerek kapıyı kapamak istedi; ama terzimiz onun eteğine sarılarak öyle yürekten yalvardı ki aslında göründüğünden daha yufka yürekli olan ihtiyar sonunda yumuşayıp genci içeri aldı, yiyecek verdi ve köşeye onun için bir döşek serdi. Yorgun terzi sabaha kadar mışıl mışıl uyudu. Keskin bir çığlıkla yerinden sıçramamış olsa belki daha da uyuyacaktı. Kulübenin dışından müthiş bağırışlar geliyordu. Genç terzi apar topar giyinerek dışarı fırla. Evin biraz ötesinde koskoca, kapkara bir canavarla güzel bir keçi dövüşe tutuşmuşlardı. Birbirleriyle öyle şiddetli dövüşüyorlardı ki ayaklarının altında yer adeta titriyor, haykırışlarıyla gökler inliyordu. Dövüşü hangisinin kazanacağı bir süre belli olmadı; ama sonunda keçi boynuzlarını düşmanının gövdesine öyle bir hışımla sapladı ki canavar korkunç bir homurtuyla yere devrildi. Keçi birkaç hamle daha yaparak canavarın işini bitirdi.

Terzi kenarda durmuş bu dövüşü hayretle seyrediyordu. Canavarı yere seren keçi başını kaldırıp terziyi görünce birden üstüne atıldı, onu boynuzlarıyla tutup havaya kaldırdığı gibi dere tepe demeden koşmaya başladı. Terzi bir yolunu bulup keçinin sırtına oturmuş, boynuzlara iki eliyle sımsıkı yapışmıştı. Kendini kaderin akışına bırakmış, nereye gittiğini bilmeden gidiyordu. Neyse ki keçi çok geçmeden ulu, sarp bir kayalığın önünde durdu, sırtındaki adamı usulca yere bıraktı. Zavallı terzi, yarı ölü bir durumda yere uzanarak uzun süre öylece yattı. Nihayet kendine gelip kalktığı zaman deminden beri onun başında beklemiş olan keçi, boynuzlarını tam karşısındaki kayanın orta yerine öyle bir şiddetle vurdu ki kaya bir kapı gibi açıldı. İçeriden taşan yoğun bir duman keçiyi terzinin gözlerinden gizledi.

Genç adam şimdi ne yapacağını, bu ıssız, vahşi yerde nereye gidip kime sığınacağını bilemiyordu. O öylece durmuş düşünürken kayanın içinden yükselen bir ses, "Hiç korkmadan içeri gir, sana zarar gelmez!" dedi.

Terzi önce duraksadı, sonra içinden gelen bir

duyguya kapılarak kayadan içeri girdi. Kendini muazzam büyüklükteki bir salonda buldu. Bu salonun tavanı, duvarlarıyla tabanı, üzerlerinde yabancı harflerle yazılmış yazılar bulunan parlak, cilalı, dört köşe taşlardan yapılmaydı. Terzi çevresine şaşkınlık ve hayranlıkla bakıyordu. Tam geri dönmek üzereyken gizemli ses yeniden duyularak, "Salonun orta yerindeki taşın üstüne git, dur ve başına geleceği bekle!" dedi.

Korkusuz bir genç olan terzi denilen yere gidip durdu. Bastığı taş birden yerinden oynayarak dibe doğru çökmeye başladı. Nihayet taş durunca terzi dört bir yanına bakındı: Yukarıdaki salon büyüklüğünde bir ikinci salondaydı; ama burada bakıp görecek daha çok şey vardı. Duvarlardaki oyuklarda kesme camdan yapılma kavanozlar duruyordu ki kimileri renkli sıvılar, kimileriyse mavimtırak bir dumanla doluydu. Yerde de camdan yapılma iki kocaman sandık vardı. Terzi şaşkınlık ve merakla sokulup bunlara baktı. Cam sandıklardan birinin içinde tıpkı bir şatoyu andıran güzel bir bina vardı; çevresindeki ahırlar, samanlıklar, köy evleri bile tamamdı. Her şeyin çapı küçüktü; ama öyle kusursuz yapılmışlardı ki özenli bir sanatçının elinden çıkmış oldukları belliydi. Terzi gözlerini bu sanat harikasından alamıyordu. Derken o gizemli ses gene duyuldu ve ona öteki cam sandığa bakmasını buyurdu.

İkinci sandıkta dünya güzeli bir kızın yattığını, uzun, lepiska saçlarına bürünmüş olarak uyumakta olduğunu görünce terzinin kapıldığı şaşkınlık ve hayranlığı siz düşünün artık! Kızın gözleri kapalıydı; ama yüzünün canlı pembeliği ve göğsündeki kurdeleleri kıpırdatan soluk alışları onun yaşadığını belli ediyordu.

Terzi ona yüreği çarparak bakadursun kız birden gözlerini açtı ve genç adamı görünce sevinç dolu bir sesle, "Ulu Tanrım!" diye seslendi. "Kurtuldum demektir! Çabuk, aman çabuk, bu hapisten kurtar beni, şu camdan kafesimin sürgülerini aç, yeter!"

Terzi titremeyen ellerle onun dediğini yaptı. Cam sandığın kapağını kaldırdı, genç kız da hemen dışarı çıkarak bir köşede duran pelerinine sarındı. Bir taşın üzerine oturup terziyi yanına çağırdı, yanağına bir öpücük kondurarak, "Sen benim kaç zamandır beklediğim kurtarıcımsın," dedi. "Merhametli Tanrı benim acılarıma son veresin diye yollamış seni. Benim acılarımın bitmesi demek senin de başına devlet kuşu konması demektir. Sen, Tanrı'nın yolladığı eşimsin benim, ömrünü benim yanı başımda, varımı yoğumu paylaşarak mutluluk ve huzur içinde geçireceksin. Şimdi otur da başıma gelenlerin acıklı öyküsünü dinle: Ben çok zengin bir kontun kızıyım. Ana-babamı çok küçük yaşta yitirdim. Onlar beni, büyütüp okutsun diye, ağabeyime emanet etmişler.

Ağabeyimle ben birbirimize çok düşkündük, öylesine iyi anlaşıyorduk ki hiç evlenmemeye, ömrümüzü böyle baş başa geçirmeye karar vermiştik. Evimiz her zaman akrabalar, dostlar, komşularla dolar taşar, onları ağırlamak bize de büyük mutluluk verirdi. Derken bir akşam şatomuzun avlusuna yabancı bir atlı geldi. Karanlık çöktüğü için kasabaya ulaşamayacağını ileri sürerek o geceyi çatımızın altında geçirip geçiremeyeceğini sordu. Onun bu isteğine her zamanki konukseverliğimizle yanıt verdik, o da bütün gece bizi, başından geçen serüvenlerin öyküleriyle oyaladı. Hele ağabeyim bu yabancıya öyle ısınmıştı ki yanımızda birkaç gün kalsın diye üsteledi, o da biraz tereddütten sonra bu öneriyi kabul etti. Gece geç saatlerde sofradan kalktık. Konuğumuza odasını gösterdikten sonra ben çok yorgun olduğum için hemen kendi odama çekilerek kuş tüyü yatağıma yattım. Daha yeni uykuya dalmıştım ki son derece tatlı bir müzik sesiyle gözlerimi açtım. Müziğin nerden geldiğini bilemediğimden yan odada yatan hizmetçime bağırmaya karar verdim. Ama ne tuhaftır ki göğsümün üzerine sanki dağ gibi bir ağırlık çökmüştü, dilim de tutulmuş gibiydi, tek kelime söyleyemiyordum. Bu arada lambanın ışığında, sımsıkı kapalı sandığım bir kapının açıldığını ve yabancının odama girdiğini gördüm. Yabancı bana yaklaştı. Deminki müziği bir sihir marifetiyle kendisinin duyurduğunu, şimdi de her türlü tehlikeyi göze alarak bana kalbini açmaya geldiğini söyledi. Ama ben onun davranışlarına öyle kızmıştım ki karşılık bile vermedim. O ise istifini bile bozmadan karşımda duruyor, besbelli benim kendisine olumlu yanıt vermemi bekliyordu. Dakikalar geçip de benim hâlâ yola gelmediğimi görünce öfkelendi, ateş püskürerek, 'Öcümü alacağım, senin bu kibrini cezalandırmanın bir yolunu bulacağım!' dedi. Böylece yemin ederek hışımla dışarı çıktı... Ben şimdi derin bir kaygıya kapılmıştım; sabaha kadar gözüme uyku girmedi. Sabah olur olmaz her şeyi anlatmak için hemen ağabeyimin odasına koştum; ama onu bulamadım. Avcılar onun şafakta yabancıyla birlikte ava çıktığını söylediler. Ben bunu hiç hayra yormadım. Hemen giyinip atımı eyerlettim, yanıma tek bir uşak alarak dörtnala ormana daldım. Yolda uşak, atı tökezlediği için düşüp dizini kırdı, eve dönmek zorunda kaldı; ama ben hiç durmadan yol almayı sürdürdüm. Az sonra da yabancıyı gördüm. Bir keçiyi ipinden tutmuş bana doğru geliyordu. Ağabeyimin nerde olduğunu, bu keçiyi nereden bulduğunu sordum ona. Keçinin o kocaman gözlerinden ip gibi gözyaşları süzülmekteydi. Yabancı beni yanıtlayacağı yerde kahkahalarla gülmeye başladı. Bunun üzerine ben öfkeden kudurarak tabancamı çektiğim gibi ona ateş ettim; ama kurşun onun göğsünden geri sekerek atımın başına saplandı. Yere düştüm, yabancının yanıma gelip mırıldandığı birkaç sözle de kendimden geçtim. Kendime geldiğim zaman işte burada, şu camdan tabutun içindeydim. Kötü büyücü gene yanıma gelerek ağabeyimi keçiye dönüştürdüğünü, şatomuzu ufaltıp bir cam sandığın içine kapadığını, halkımızı da duman yapıp kavanozlara hapsettiğini anlattı. Onun isteklerine razı olursam her şeyi, herkesi eski durumlarına döndürmek, onun için işten bile değilmiş; kutularla kavanozların kapaklarını açmak yeterliymiş. Gelgelelim ben onun sözlerine gene eskisi gibi sessizlikle karşılık verince büyücü kızdı, beni burada, bu cam tabutun içinde bırakıp gitti. Bir süre sonra derin bir uykuya dalmışım. Rüyalarımda sık sık, yiğit bir gencin gelip beni kurtardığını görüyordum. Bugün gözlerimi açıp seni gördüğümde rüyalarımın gerçek olduğunu anladım. Şimdi bana yardım et, rüyanın geri kalanını da gerçekleştirelim. İlk iş, şatonun içinde bulunduğu sandığı kaldırıp şu taşın üstüne koymak."

Cam sandık salonun en ortasına konulduğu zaman altındaki taş yükselmeye başlamaz mı? Böylece kızla terziyi üst kata, oradan da bahçeye çıkarıp bıraktı. Kız şimdi sandığın kapağını kaldırdı ve terzinin inanmaz bakışları önünde şato, çiftlik yapıları, evler hemencecik gerçek büyüklüklerine kavuştular. Bunun üzerine kızla terzi gene yeraltına inerek cam kavanozların tıpalarını açtılar. Tıpalar açılır açılmaz mavi dumanlar dışarıya süzülerek insan biçimi almaya başlamaz mı? Kız şimdi soyluları, köylüleri, uşakları, hizmetçileri birer birer tanıyordu. Derken, büyücünün keçiye dönüştürdüğü ağabeyi de gene her zamanki insan kılığını alarak ormandan çıkıp gelince kız sevincinden bayram etti. Ve bütün bu mutlulukları olası kılan genç terziyle hemen o gün evlendi.

üç Haylazlar

Bir zamanlar bir kralın üç oğlu vardı. Kral oğullarının üçünü de öyle çok seviyordu ki hangisini veliaht yapacağını bilemiyordu. Ölümünün yaklaştığını anlayınca onları başucuna çağırarak, "Sevgili evlatlarım," dedi. "Zihnimi kurcalayan bir şey var, bunu size açmak istiyorum. İçinizde en tembeliniz kimse, ölümümden sonra o kral olacak."

En büyük oğul, "Öyleyse taht benim demektir, babacığım," diye konuştu. "Çünkü ben öyle tembelim, öyle tembelim ki uykum geldiği zaman gözümde yaşlar olsa da kirpiklerimi indiremesem bile gözlerim açık olarak uykuya dalarım!"

"Hayır, taht benimdir," diye ortanca oğlan araya girdi. "Çünkü ben öyle tembelim, öyle tembelim ki ısınmak için ateş başına oturduğum zamanlar ayaklarımı geri çekmeye üşendiğim için çizmelerimin yandığı bile olur."

Bunun üzerine en küçük oğlan, "Babacığım, taht asıl benim hakkım," dedi. "Çünkü ben öylesine haylazım ki asılacak olsam ve ip boynuma geçtiği sırada biri bunu kesmek için elime keskin bir bıçak verse, ipi kesmek zahmetine katlanmaktansa asılır, ölürüm."

Kral bunu duyunca, "En haylaz sensin, ben ölünce sen kral olacaksın," dedi.

ormandaki ev

Bir zamanlar yoksul bir oduncu vardı. Karısı ve üç kızıyla birlikte, büyük bir ormanın kenarındaki kulübesinde otururdu. Günlerden bir gün gene odun kesmeye giderken karısına, "Bugün aşımı büyük kız getirsin; öğleye kadar benim işim bitmez," dedi. "Bir torba yem alıp geçtiğim yerlere serpeceğim ki kızımız yolunu şaşırmasın."

Böylece, güneş göğün en tepesine tırmandığı sırada büyük kız, eline bir tas çorba alarak babasının yanına gitmek üzere yola çıktı. Ancak serçeler, tarlakuşları, ispinozlar, kargalar daha saatler önce yerdeki yemleri yemiş olduğu için kızcağız ne yöne gideceğini bilemedi. İşi şansa bırakarak yürümeyi sürdürdü, gün batıp gece olana kadar ormanın içinde dolandı durdu. Şimdi ağaç dalları rüzgârda hışırdıyor, baykuşlar ötüyordu; büyük kız korkmaya başlamıştı. Birden uzakta, dallar arasında gözüne bir ışık ilişti. "Burası bir ev olsa gerek; beni sabaha kadar misafir ederler elbet," diye düşünerek ışığa doğru ilerledi. Az sonra bütün pencerelerinden ışık taşan bir köy evine geldi. Kapıya vurduğu zaman içeriden, "İçeri gel," diyen çatlak bir ses yükseldi.

Kız içeri girince ak saçlı bir ihtiyarın masa başında, başını ellerine almış oturmakta olduğunu gördü; ihtiyarın o bembeyaz sakalı masadan aşağıya doğru sarkmıştı. Ocağın önünde de üç hayvan yatmaktaydı: Bir tavuk, bir horoz, bir de benekli inek. Kız başından geçenleri ihtiyara anlattı, geceyi orada geçirmek için izin istedi. İhtiyar bunun üzerine şöyle dedi:

Güzel tavuk, güzel horoz,
Güzel benekli inek,
Biz bu kıza ne desek?

Hayvanlardan, "Cak," diye bir ses yükseldi. Bu ses olumlu bir yanıt anlamına geldiği için ihtiyar bizim kıza dönerek, "Yiyeceğimiz hepimize yeter de artar bile," dedi. "Hadi, şimdi mutfağa gir de bize biraz aş pişir."

Kız gerçekten de mutfakta her türlü yiyeceğin bol olduğunu gördü. Kollarını sıvayıp güzel bir yemek pişirdi pişirmesine; ama hayvanları hiç hesaba katmamıştı. Yemek pişince bir çanağa doldurdu, çanağı içeri götürüp masaya koydu, kendi de ihtiyarın karşısına geçip tıka basa karnını doyurdu. Sonra, "Çok yorgunum," dedi. "Yatağım nerede? Hemen yatıp uyumak istiyorum."

Hayvanlar buna şöyle karşılık verdiler:

Sen onunla yedin içtin,
Bizi hiç düşünmedin.
Zarar yok, gene bizde kalsın büyüklük,
Bu gece burada yatabilirsin.

Bunun üzerine ihtiyar adam kıza döndü:
"Alt kata in, içinde iki yatak bulunan bir oda göreceksin. Yatakları kabart, üzerlerine temiz, beyaz çarşaf ört. Ben de birazdan gelip yatacağım."

Kız aşağı indi, yatakları kabartıp temiz, beyaz çarşafları örttükten sonra hemen bir tanesine girip yattı, ihtiyarı beklemeden horul horul uyumaya başladı. Bir süre sonra ihtiyar geldi, elindeki şamdanı kaldırarak bir süre ona baktı. Mışıl mışıl uyuduğunu görünce başını şöyle, bir yandan bir yana salladı. Sonra yerdeki bir kapağı kaldırarak kızı aşağıdaki mahzene attı.

Akşamın geç bir saatinde oduncu evine döndü ve onu bütün gün aç bıraktığı için karısına sitem etti. Kadın, "Suç bende değil," dedi. "Büyük kızı yolladım;

ama ormanda yolunu şaşırmış olsa gerek. Neyse, yarın sabah döner gelir elbet."

Gün ağarırken oduncu gene ormana gitmek üzere yatağından kalktı ve karısına o gün ortanca kızla yemek yollamasını tembihledi. "Bir torba bezelye alıp geçtiğim yollara serpeceğim," dedi. "Yemden daha büyük oldukları için kız bezelyeleri görür, gelir beni bulur."

Böylece ortanca kız öğleüzeri babasının yemeğini alarak yola çıktı. Gel gör ki bezelyelerin yerinde yeller esiyordu. Ormandaki kuşlar tıpkı bir gün öncesi gibi her şeyi yemişler, ortalıkta tek bir bezelye bile bırakmamışlardı. Bu yüzden yolunu şaşıran ortanca kız, ormanın içinde babasını arayarak dolaşmaya başladı. Karanlık basınca ağaçların arasında bir ışık gördü ve o da ak sakallı ihtiyarın kulübesine geldi, orada gecelemek için izin istedi. Ak sakallı ihtiyar da gene ocak başındaki hayvanlarına sordu:

Güzel tavuk, güzel horoz,
Güzel benekli inek,
Biz bu kıza ne desek?

Onlar da gene, "Cak!" diye karşılık verdiler, bir gece önce olup bitenler aynen yinelendi. Ortanca kız güzel bir yemek pişirdi, ihtiyarla birlikte yedi, içti, hayvanları hiç düşünmedi. Nerede yatacağını sorduğu zaman da hayvanlar hep bir ağızdan ona şöyle dediler:

Sen onunla yedin, içtin,
Bizi hiç düşünmedin,
Zarar yok, gene bizde kalsın büyüklük,
Bu gece burada yatabilirsin.

Ortanca kız uykuya daldıktan az sonra ihtiyar geldi, ona bakıp başını salladı, onu da mahzene attı.

Şimdi üçüncü günün sabahı olmuştu. Oduncu, karısına yemeğini o gün en küçük kızla yollamasını söyledi:

"O hepsinden akıllı ve usludur, doğru yolu bulur, ablaları gibi savruk değildir."

Ama karısı, "Olmaz!" diye karşı çıktı, "Küçük kızımı da mı yitireyim?"

"Korkma," dedi kocası. "Küçük kız kaybolmayacak, çünkü bu kez geçtiğim yerlere fasulye serpeceğim. Bezelyeden büyük oldukları için kızımız onları görür, gelir beni bulur."

Ne var ki küçük kız kolunda yemek sepetiyle yola çıktığı zaman yerde hiçbir şey göremedi, çünkü orman güvercinleri fasulyelerin hepsini yemişlerdi. Küçük kız tasa içinde kara kara düşünmeye başladı: Yolunu bulamazsa babası aç kalacak, annesi onun kayboluşuna üzülecekti. Sonunda akşam oldu, karanlık bastı. Küçük kız da ağaçların arasındaki ışığı gördü, köy evine geldi, gece orada kalmak için izin istedi. Ak sakallı ihtiyar da gene ocak başındaki hayvanlara aynı soruyu sordu:

Güzel tavuk, güzel horoz,
Güzel benekli inek,
Biz bu kıza ne desek?

Hayvanlar, "Cak," dediler. Bunun üzerine küçük kız ocak başına giderek tavukla horozun tüylerini okşadı, benekli ineğin alnını sıvazladı, onlara tatlı sözler söyledi. Sonra mutfağa girip güzel bir yemek pişirdi. Sofrayı kurarken, "Şu iyi yürekli hayvancıkların karnını doyurmadan kendi karnımı doyurmak olmaz," diye düşündü. "Yiyecek bol, önce onların yemeğini vereyim." Tavukla horozun önüne darı serpti, ineğin önüne bir kucak saman bıraktı. "Afiyet olsun, dostlarım," dedi. "Susadığınız zaman da buz gibi su içeceksiniz." Böyle diyerek gidip kuyudan bir kova su getirdi. Horozla tavuk kovanın kenarına tüneyip gagalarını suya soktular, sonra su içen kuşların âdeti olduğu üzere kafalarını arkaya attılar. İnek de kana kana su içti. Hayvanları böylece doyurduktan sonra küçük kız sofra başına geçerek kendi payına düşen yemeği yedi. Az sonra tavukla horoz başlarını kanatlarının altına soktular, ineğin gözleri de kapanmaya başladı. Bunu gören kız ihtiyara dönerek, "Biz de yatıp uyusak mı?" dedi. Bunun üzerine ihtiyar da ocak başındaki hayvanlara sordu:

Güzel tavuk, güzel horoz,
Güzel benekli inek,
Biz bu kıza ne desek?

Hayvanlar, "Cakcuk," diye yanıtladılar ki bu yanıt şu anlama geliyordu:

Sen bizimle yedin içtin,
'Benden önce onlar,' dedin,
Rahatımızı düşündün,
Şimdi sen de rahat uyu.

Böylece kız alt kata indi, o iki kuştüyü yatağı kabarttı, temiz çarşaflar sererek ihtiyarın gelmesini bekledi. İhtiyar yatıp uyuyunca kız da bir şükran duası okuduktan sonra kendi yatağına yatıp uykuya daldı.

Gece yarısına kadar mışıl mışıl uyudu. Bir saatte bütün evin içinde bir curcuna kopmasıyla uyandı. Evin her köşesi gümbürdeyip çatırdıyor, kapılar duvarlara çarpıyor, tavan atkıları yerlerinden sökülürcesine gacırdıyor, sanki merdiven basamakları göçüyor, tavan yarılıp çöküyordu. Ne tuhaftır ki az sonra bütün bu gürültüler kesildi ve kız gene uykuya daldı.

Uyandığı zaman bir de ne görsün? Kral saraylarına layık görkemli bir odada değil mi? Duvarların yeşil kaplamasının üzerinde altın çiçekler vardı. Karyola fildişinden, perdeler al kadifedendi ve yatağın ayakucundaki bir taburenin üzerinde inci işli bir çift atlas terlik duruyordu. Kız önce rüya gördüğünü sandı; ama biraz sonra odanın kapısı açıldı, içeriye şahane üniformalar giymiş üç uşak gelerek, "Emirlerinizi bekliyoruz, efendim," dediler.

Kız, "Siz gidin," diye yanıtladı. "Ben hemen kalkar, ihtiyarın kahvaltısını hazırlarım. Güzel tavukla güzel horozu yemler, benekli ineği de doyururum." Ama ihtiyarın yatağına doğru baktığında bir de ne görsün? Yatakta yabancı biri yatmıyor mu? Hem de genç ve yakışıklı bir erkek!

Tam o sırada genç adam uyandı, doğrulup kıza bakarak, "Ben bir kral oğluyum," dedi. "Yıllar önce kötü yürekli bir büyücü beni ak saçlı bir ihtiyara dönüştürmüş, üç sadık uşağımı da birer tavuk, horoz ve inek yapmıştı. Beni onlarla birlikte, ormanda yalnız yaşamaya mahkûm etti. Ancak iyi yürekli bir genç kız büyüyü bozabilirdi; ama bu kız bana verdiği kadar hayvanlarıma da önem vermek zorundaydı. İşte bu kız sensin! Dün gece senin varlığın büyüyü bozup bizi kurtardı, o köy evini gene saraya çevirdi."

Bundan sonra prens üç uşağını çağırarak gidip kızın anasıyla babasını saraya getirmelerini buyurdu. Onların düğünde hazır bulunmalarını istiyordu.

Kız, "İyi ama ablalarım nerede?" diye sordu.

Prens, "Ben onları mahzene kapadım," diye yanıtladı. "Yarın sabaha kadar orada kalacaklar. Sonra ormana götürülüp bir kömürcünün yanına hizmetçi olarak verilecektir. Huylarını düzeltip insanlar gibi hayvanlara da iyi davranmasını öğreninceye kadar orada kalacaklar."

üzüntüyü ve sevinci paylaşmak

Bir zamanlar çok huysuz, çok kavgacı bir terzi vardı. Zavallı karısı onunla hiç geçinemiyordu, oysa kendisi sevecen, hamarat, temiz yürekli bir kadındı. Ama kocası onun her yaptığına bir kusur buluyor, homurdanıp bağırmakla kalmayıp arada kadıncağızı dövüyordu.

Sonunda bir gün konu komşu durumu yargıca bildirdiler, yargıç da terziyi huzuruna çağırdı ve yargılayıp hapse attı.

Hapiste uzun süre kuru ekmek ve suyla yaşayan terzi bundan böyle karısını dövmeyeceğine yemin ederek serbest bırakıldı. Yargıç ona, "Karınla sevgiyi, üzüntüyü ve sevinci paylaşmalısın, çünkü evlilik bu demektir," dedi.

Bir süre işler yolunda gittiyse de zamanla terzi gene eski huylarına döndü, gitgide daha huysuz, daha hırçın olmaya başladı. Yalnız şimdi karısını dövmeyi göze alamadığı için saçını çekiyordu. Bir gün kadıncağız kocasının elinden kaçarak sokağa fırladı. Terzi, elinde cetveliyle makası, onun peşi sıra koşuyordu. Yakalayamayınca cetvelle makası ona doğru fırlattı. Böylece avluda bir kovalamaca başladı. Kadın kaçıyor, terzi cetvelle makası yerden alıp ona fırlatıyordu. İsabet alırsa kıvançlı bir kahkaha patlatıyor, ıska geçerse kadıncağıza sövüp sayıyordu. Bu kaçıp kovalamaca öyle uzadı ki komşular gene kadının yardımına koştular, terziyi tuttukları gibi yaka paça yargıcın karşısına çıkardılar.

Yargıç ona hapisten çıkarken verdiği sözü anımsatınca terzi, "Sayın Yargıç Hazretleri," dedi. "Ben eşimi dövmüyorum ki! Tıpkı sizin dediğiniz gibi sevgimi, üzüntümle sevincimi paylaşıyorum onunla."

Yargıç, "Nasıl yani?" dedi. "Bak bu ikinci kezdir ki karın da, komşuların da senin yapıp ettiklerinden yakınarak karşıma çıktılar."

Terzi, "Valla ben eşimi dövmedim, uyardım, çünkü çok dağınık bir görünümü vardı. Gelgelelim o beni dinlemeyerek kaçmaya başladı, ben de peşine düştüm. Görevini anımsatmak için de o sırada elimde olan şeyi, yani makasımı üstüne attım. Böylece onunla hem sevincimi hem de üzüntümü paylaşmış oluyordum. Çünkü isabet aldığım zaman o üzülüyordu, ben seviniyordum; ıska geçtiğim zamansa o seviniyordu, ben üzülüyordum!"

Neyse ki yargıç bu saçmalığa inanmadı ve kötü huylu terziyi hak ettiği cezaya çarptırdı.

yıldız parası

Evvel zaman içinde küçük bir kız çocuğu vardı; annesi de babası da ölmüştü. Bir süre sonra yavrucak öyle yoksullaştı ki ne başının üstünde bir dam ne yatabileceği bir döşeği vardı. Yalnızca sırtındaki giysilerle kaldı. Elinde de merhametli birinin verdiği bir somun ekmek vardı. Ancak küçük kız Tanrı'ya inanan, iyi bir insandı. Umutsuzluğa kapılmadan yola koyulup yürümeye başladı.

Çok geçmeden karşısına yoksul bir adam çıkarak, "Tanrı rızası için bana yiyecek bir şey ver, çünkü çok açım," dedi. Kız da elindeki somunu olduğu gibi ona verip, "Tanrı'ya emanet ol!" diyerek yoluna devam etti.

Az sonra hüngür hüngür ağlamakta olan küçük bir kız çocuğu gördü. Bu çocuk ona, "Ne olur, başımı örtecek bir şey ver, hava öyle soğuk ki!" dedi. Küçük

kız başındaki şapkayı çıkarıp ona verdi ve yoluna devam etti.

Bir süre sonra bir başka çocukla daha karşılaştı. Bu çocuk da yoksul ve yarı çıplak durumda olduğu için küçük kız ona pelerinini verdi. Çok gitmemişti ki gene böyle yoksul, çıplak bir çocuk karşısına çıktı. Küçük kız bu kez elbisesini çıkartıp ona giydirdi. Artık karanlık basmıştı. Küçük kızın yolu bir ormandan geçiyordu. Bir ağacın altında soğuktan titreyen bir genç kız vardı. Küçük kız onu görünce, "Ortalık karardı, nasılsa beni kimse görmez," diye düşündü, gömleğini de ona verdi.

Şimdi kendisi yarı çıplak kalmış, soğuktan titriyordu. Birden gökyüzünden yere bir sürü yıldız yağdı ve toprağa değince gümüş paralara dönüştü. Para yığınının altında küçük kız bir de en güzel kumaştan yapılmış elbise buldu. Yıldız paralarını toplayıp torbasına doldurdu. Artık ömrünün sonuna dek bolluk içinde, rahat yaşayacaktı.

DEV İLE TERZİ

Palavrası, böbürlenmesi bol ama eylemi kıt bir terzi, günün birinde seyahate çıkıp dünyayı gezmeyi aklına koydu. İlk fırsatta dükkânından ayrılarak yola çıktı. Az gitti, uz gitti, dere tepe düz gitti, en sonunda uzakta, yüksek, yalçın bir dağ gördü. Dağ doruğundaki sık ormanların arasından ulu bir kule yükselmekteydi. Terzi, "Aman Tanrım, bu da nesi?" diye sordu, merakını yenemeyerek kuleye doğru ilerledi. Ama yaklaştıkça gözleri ve ağzı daha da açık kaldı, çünkü kulenin bacakları vardı! Kısacası bu, kocaman bir devdi! O ulu dağdan aşağı bir adımda atlayarak geldi, bizim terzinin karşısına dikildi. Dört bir yanda gök gürültüsü gibi yankılanan bir sesle, "Ne arıyorsun sen buralarda, sinek bacaklı sıska herif?" diye bağırdı.

Terzi korkudan titreyerek, "Ormanda ekmeğimi kazanacak bir iş arıyordum," diye mırıldandı.

Dev, "Öyleyse benim hizmetime girmenin sırası-dır," dedi.

"Öyle diyorsun madem, neden olmasın?" dedi terzi. "Yalnız bana kaç para ödeyeceksin?"

Dev, "Kaç para istersin?" diye dudak büktü. "Ne vereceğimi söyleyivereyim sana; yılda 365 gün, dört yılda bir de fazladan bir gün vereceğim; yeter mi?"

Terzi içinden, "Biçkiyi kumaşına göre yapmak gerek!" diye düşündü. "İlk fırsatta bu devin elinden kurtulmam lazım."

Dev, "Bücür herif, git de bir bardak su getir ba-na!" diye gürledi.

Terzi, "Gitmişken kuyuyla kuyuyu besleyen pınarı da getirseydim iyi olurdu!" diye söylendi.

Oldukça pısırık, hımbıl bir yaratık olan dev için-den, "Ne? Kuyuyla pınarı da getirmekten söz ediyor ha!" diye düşündü, hafiften korkuya kapıldı. "Bu herif hiç de göründüğü gibi değil, besbelli! Ayağımı denk almalıyım, yoksa başıma bela olabilir."

Terzi bir bardak suyla dönüp gelince dev onu or-mandan bir kucak yonga almaya yolladı. Terzi bu kez de, "Gitmişken bütün ormanı getirseydim ya, genç ihtiyar bütün ağaçlarıyla birlikte?" diye söylendi.

Şimdi iyice korkmuş olan dev, "Ne!" diye için-den geçirdi. "Hem kuyu, hem pınar, hem de ormanın tüm ağaçları ha? Bu adam bana uşak olacak adam değilmiş, valla! Baksana, büyük adam!" Gene de,

yongaları toplayıp dönen terziye bu kez, "Akşam ye-
meğimiz için üç-dört tane yabandomuzu vur da gel!"
diye buyurdu.

Bizim palavracı terzi, "Hazır ava çıkmışken bin
domuz vursaydım da sonradan dinlenseydim bari,"
diye söylendi.

Bunu duyan dev dehşete kapılarak, "Ne dedin, ne
dedin?" diye kekeledi. "Neyse, bu akşamlık bu kadar
yeter, yatıp uyuyabilirsin artık."

Gelgelelim, devin terziden öyle ödü kopmuştu ki
o gece gözüne uyku girmedi. Yatağında bir yandan
öbür yana dönerek canını almaya niyetli bir büyücü
olarak gördüğü bu adamdan kurtulmanın yollarını
düşündü durdu.

Ertesi sabah devle terzi dolaşmaya çıktılar ve bataklık bir yere geldiler. Burada birçok söğüt ağacı vardı. Dev, terziye dönerek, "Şu ağaçlardan birine tırmansana," dedi. "En yüksekteki dalı aşağı eğecek güçte olup olmadığını görmek istiyorum."

Palavracı terzi söğüdün tepesine çıktı, soluğunu içinde tutmak yoluyla dalı aşağı doğru eğmeyi başardı. Ama birkaç dakika sonra soluğunu bırakır bırakmaz dal gene havaya fırladı. Hem de öyle bir fırladı ki terzi havaya uçarak görünmez oldu. Dev de üzerinden yük kalkmışçasına rahatladı.

Terziye gelince, hâlâ havalarda uçuyor mu, yoksa bir yerlere düştü mü, söyleyemeyeceğim, çünkü hiç haberim yok!

Haylaz Harry

Harry haylazın tekiydi. Sabahları keçisini çayıra çıkarıp otlatmaktan başka hiçbir işi olmadığı halde eve döndüğü zaman ahlayıp vahlayarak, "Ne yalan söylemeli, çetin bir yaşam bu," diye yakınırdı. "İlkbahardan sonbahara her Tanrı'nın günü çayırlarda keçi otlatmak çok yıpratıcı bir iş, doğrusu. Hani insan biraz yatıp bir şekerleme yapabilse canım yanmazdı; ama yok, her dakika keçiye göz kulak olacaksın, ağaçlara zarar vermesin, çitin aralığından geçip başkasının otlağına girmesin, kaçıp gitmesin diye. Bu durumda ben nasıl kafamı dinleyip hayatın tadını çıkarabilirim, kuzum?"

Haylaz Harry uzun süredir omzundan bu yükü atmanın çarelerini arıyor, bir türlü bir çıkar yol bulamıyordu. Derken bir gün zihninde bir şimşek çakar gibi oldu: "Buldum!" diye haykırdı Haylaz Harry. "Ne yapacağımı biliyorum artık. Şişko Kate ile evleneceğim. Onun da bir keçisi var. Kendininkini otlatırken benimkini de yanına alır, olur biter!"

Böyle düşünerek Haylaz Harry zar zor yerinden kalktı. Şişko Katelerin evine gitti, yaşlı ana babaya, namuslu ve çalışkan kızları Kate ile evlenmek istediğini bildirdi. Anayla babanın karar vermeleri uzun sürmedi. "Tencere yuvarlanmış, kapağını bulmuş," diye düşünerek izin verdiler.

Böylece Şişko Kate, Haylaz Harry ile evlendi ve iki keçiyi çayıra çıkarmaya başladı. Kocasıysa yan gelip pineklemek dışında hiçbir şey yapmıyordu. Kırk yılın başı dışarı çıksa, "Yorulduktan sonra dinlenmek daha tatlı oluyor da ondan," diyordu.

Gel gör ki çok geçmeden Kate de tıpkı kocası gibi tembelleşmeye başladı. Günün birinde, "Canım Harry," dedi kocasına, "Neden yok yere hayatın tadını kaçırıyoruz sanki? Neden gençliğimizin en güzel günlerini iş güçle çarçur ediyoruz? En iyisi, sabah sabah bize uykularımızı haram eden şu iki keçiyi komşumuza verelim, karşılığında da bir arı kovanı alalım. Kovanı evin arkasına, güneşli bir yere koyar, bir daha da hiç uğraşmayız. Arılar ne bakım ister ne de her gün çayırda otlatılmak. Kendi kendilerine uçar, beslenir, sonra da evlerine dönerler, ballarını hiç yardımsız yaparlar."

Haylaz Harry, "Çok akıllıca bir laf ettin, hanım," dedi. "Hemen bu planı uygulayalım. Zaten bal, keçi sütünden daha besleyici, daha lezzetli, daha da dayanıklıdır."

Komşuları onların iki keçisine karşılık seve seve bir arı kovanı verdi. Arılar sahiden de hiç yardımsız kovana girip çıkıyor, peteklerinde bal yapıyorlardı. Yaptıkları bal da pek güzeldi. Sonbahar olunca Harry kocaman bir kavanoz dolusu bal çıkardı.

Bu kavanozu yatak odalarındaki duvara çivilenmiş bir rafın üzerine koydular. Hırsızdan ve farelerden korumak için Şişko Kate uzun, kalın bir sopa getirdi, gerekirse yerinden kalkmak zorunda kalmadan uzanıp alabileceği bir yere koydu.

Haylaz Harry'nin öğleden önce yatağından kalktığı yoktu. "Erken kalkan avucunu yalar," der dururdu. Bir sabah, gene öğleye doğru gözlerini zar zor açınca karısına, "Siz kadın milleti tatlıya pek düşkünsünüzdür," dedi. "Görüyorum, balın üstünden yemişsin! Bari hepsi bitmeden önce şu balı şöyle güzel, besili bir kazla takas edelim."

Şişko Kate, "Ama önce kazı güdecek bir çocuk bulmalıyız," dedi. "Ben ne diye kaz peşinde koşarak tatlı canımı üzeyim?"

Harry omuz silkerek, "Bulacağımız çocuk kazımıza iyi bakar mı dersin?" dedi. "Şimdiki çocuklarda saygı yok ki! Her şeyi biz biliriz, diyorlar."

Kate, "Yağma yok, söz dinlemezse ben ona gösteririm!" dedi. "Değneğimin tadını bir kez alırsa bak nasıl söz dinler! İşte bak Harry," diye ekleyerek yatağın yanında duran sopayı aldı. "Kıçına şunu şöyle bir indirdim mi..."

Ama ne yazık ki sopa bal kavanozuna çarpmıştı. Vazo bin parça oldu, o güzelim bal da yerlere aktı!

Harry, "Al sana, işte kaz çobanıyla kaz," dedi. "Artık onların zahmetinden kurtulduk! Neyse, şükür ki kavanoz benim kafama düşmedi! Demek Tanrı'nın sevgili kullarıymışız." Böyle diyerek yerdeki balın temiz kısmını topladı. "Bunu yiyelim, sonra da biraz dinlenelim," dedi, "öyle ya, az korkmadık!"

Şişko Kate de "Çok doğru," diye kocasına hak verdi. "Kavanoz tam zamanında kırıldı, valla. Biraz daha yatalım, günler nasılsa uzun. Biliyor musun, salyangozu bir düğüne çağırmışlar; ama düğün evine gitmesi öyle zaman almış ki çocuğun doğumuna anca yetişebilmiş. Merdiveni çıkarken ayağı takılıp düşmüş de kendi kendine, 'İşte, acele edersen böyle olur!' demiş!"

κοca grifon

Evvel zaman içinde bir kral vardı; ama hangi ülkede yaşadığını, adının ne olduğunu bilmiyorum. Bu kralın oğlu olmamıştı, bir tek kızı vardı; ama o da çok hastaydı ve hiçbir doktor hastalığın çaresini bulamıyordu. Derken bir gün bir bilici krala, kızının elma yiyerek iyileşeceğini bildirdi. Kral da, kızını iyileştirecek elmayı getirene hem tacıyla tahtını hem de kızını vereceğini bütün ülkeye duyurdu.

Efendime söyleyim, bu haberi duyan köylülerden birinin üç oğlu vardı. Köylü hemen en büyük oğluna dönerek, "Git bahçeye," dedi. "O kırmızı elmalarımızın en güzellerini bir sepete doldurup saraya git. Belki kralın kızı bizim elmaları yiyince iyileşir, o zaman sen de onun kızıyla evlenip kral olursun."

Genç adam babasının dediğini yaptı ve yola koyuldu. Bir süre gittikten sonra karşısına küçücük bir Demirden Adam çıktı ve ona sepetinde ne olduğunu sordu. Hele (en büyük oğlanın adı buydu), "Kurbağa bacağı," diye yanıtladı.

Cüce de, "Öyle dersen öyle olsun, öyle kalsın," dedi ve kendi yoluna gitti.

Hele, en sonunda Kral'ın şatosuna vardı ve Prenses'i iyi edecek elmalar getirmiş olduğunu söyledi. Bunu duyan Kral son derece sevinerek Hele'yi karşısına çağırdı. Ama şu işe bakın ki Hele sepeti açınca içinden elma yerine bir sürü kurbağa bacağı çıktı; hem de hâlâ kıpırdayıp duruyorlardı! Bunu gören Kral küplere bindi ve genç adamı saraydan dışarı attırdı.

Hele evine dönünce başından geçenleri babasına anlattı. Baba bu kez ortanca oğlu Saeme'yi kralın şatosuna yolladı; ama Hele'nin başına gelenler Saeme'nin de başına geldi. Çok geçmeden aynı küçük Demirden Adam karşısına çıkarak sepetinde ne olduğunu sordu, Saeme de, "Devedikeni!" diye yanıtladı. Küçük Demirden Adam bunu duyunca, "Öyle dersen öyle olsun, öyle kalsın," diyerek kendi yoluna gitti.

Saeme, Kral'ın şatosuna varıp da Prenses'i iyileştirecek güzel elmalar getirdiğini söylediği zaman muhafızlar önce kapıyı açmak istemediler. "Bir süre önce senin gibi bir genç geldi, bizi enayi yerine koymak istedi," dediler. Genç adam kendisinin gerçekten Prenses'e şifa verecek elmalar getirdiğini yineledi.

Sonunda onu alıp Kral'ın huzuruna çıkardılar ya, sepeti açınca bir de ne görsünler? Bir tutam deve dikeni! Kral öfkeden ateş püskürerek Saeme'yi önce kırbaçlattı, sonra şatodan dışarı attırdı.

Saeme eve dönünce başından geçenleri babasına anlattı. Onu dinleyen en küçük oğlan Jack, Kral'ın şatosuna elma götürmek için babasından izin istedi. Bu genç çocuğa hepsi de Avanak Jack derlerdi. Bu yüzden "Tamam!" diye kızdı babası, "Bir bu eksikti! Akıllı ağabeylerinin başaramadığını sen mi başaracaksın?" Ama Jack hiç oralı olmadı:

"Başarırım ya, babacığım, ne olur izin ver de gideyim." Babası, "Kes be evladım, biraz daha büyüyüp akıllanınca gidersin," diye karşılık verdi. Ne var ki Jack, Nuh diyor, peygamber demiyordu:

"Baba, ne olur, bırak gideyim." Sonunda babası, "Git bakalım gideceksen," diye omuz silkti, "nasılsa dönüp geleceksin."

Delikanlı öyle çok sevinmişti ki zıplamaya başladı. Babası, "Hadi zıpla, zıpla," dedi. "Her geçen gün biraz daha saflaşıyorsun, zavallıcığım!"

Ama Jack neşesini hiç bozmadı. Mutluluğu sonsuzdu, sevinçten o gece gözüne uyku girmedi. Arada daldığı zamanlarda da rüyasında şahane şatolar, güzeller güzeli kızlar, altınlar, elmaslar görüyordu. Ertesi sabah erkenden yola koyuldu ve çok geçmeden o küçücük Demirden Adam'la karşılaştı. Cüce ona sepetinde ne olduğunu sorunca Jack, "Elma," diye karşılık verdi. "Kralın kızına şifa verecek bunlar." Demirden cüce, "Eh," dedi. "Öyle dersen öyle olsun, öyle kalsın."

Ne var ki kralın şatosuna geldiğinde Jack'ı içeri almak istemediler. Çünkü ondan önce, "Elma getirdik," diyenlerden birinin sepetinden kurbağa bacağı, öbürünün sepetinden de devedikeni çıkmıştı. Ama Jack kendi sepetinde kurbağa bacağı ya da devedikeni değil ülkenin en güzel, en şifalı elmaları bulunduğu konusunda diretiyordu. Öyle masum, öyle candan bir görünümü vardı ki muhafızlar yalancı olamayacağına inanarak onu içeri aldılar. Çok da iyi ettiler, çünkü Jack, Kral'ın huzurunda sepetini açtığı zaman altın gibi sarı, yakut gibi kırmızı elmalar ortaya çıktı.

Kral çok memnun olmuştu. Hemen birkaç elma seçip kızına yolladı, sonra sabırsızlıkla beklemeye başladı. Elmaların etkisi ne olacaktı acaba? Sorusunun yanıtını almakta gecikmedi. Bu yanıt neydi dersiniz? Prenses'in ta kendisi! Genç kız Jack'in elmalarını yer yemez iyileşerek yatağından kalkıp babasının yanına koşmuştu. Kral'ın sevinci ve mutluluğuysa sözlerle anlatılamaz!

Ancak, sözünde durup kızını Jack'e vermeye bir türlü içi razı olmuyordu. Ona Prenses'le evlenebilmesi için önce karada yüzebilen bir kayık yapması gerektiğini söyledi. Jack bu koşula boyun eğerek şatodan ayrıldı, evine döndü, başından geçenleri babasına bir bir anlattı.

Bunun üzerine baba karada yüzen bir kayık yapsın diye Hele'yi ormana yolladı. Hele bir yandan ıslık çalarak canla başla çalışmaya koyuldu. Öğleüzeri, güneşin tam tepede olduğu sırada Küçük Demirden Adam gene çıkıp gelerek Hele'ye ne yaptığını sordu. "Tahta çanak," dedi Hele. Cüce de, "Öyle dersen öyle olsun, öyle kalsın," dedi. Akşama doğru Hele kayığı bitirdi; ama tam içine bineceği sırada kayık tahtadan bir çanağa dönüştü.

Ertesi gün Saeme ormana gitti; ama ağabeyinin başına gelenler onun da başına geldi.

Üçüncü gün saf Jack ormana gitti; canla başla çalışmaya başladı. Çekicini vurdukça orman inliyor, genç çocuk bir yandan da ıslık çalıp şarkılar söylüyordu. Öğleüzeri, güneşin en kızgın olduğu saatte Demirden Cüce çıkageldi. Jack'e ne yaptığını sordu. Delikanlımız, "Karada yüzebilecek bir kayıp yapıyorum," diye yanıtladı. "Bitince Kral'ın kızıyla evleneceğim." Bunun üzerine bücür adam, "Eh," dedi, "öyle dersen öyle olsun, öyle kalsın."

Akşamüzeri, güneşin ufukta altın bir top gibi battığı sırada Jack kayığını bitirdi ve saraya doğru kürek çekmeye başladı. Kayık toprağın üstünde rüzgâr hızıyla kayıyordu.

Kral bunu ta uzaklardan gördü ya, kızını Jack'e vermeye hâlâ hazır değildi. Onun önce yüz tavşanı sabahtan akşama kadar otlatmasını şart koştu; akşama bir tek tavşan eksik çıkarsa her şey bitecekti.

Jack hiç telaş etmedi, ertesi sabah kendine verilen yüz tavşanı alarak çayıra çıkardı. Başını eğip gözlerini dört açmış, tavşanlardan hiçbiri kaçmasın diye dikkat ediyordu.

Kuşluk saatinde şatodan bir hizmetçi kız gelerek, "Bana hemen bir tavşan vereceksin," dedi. "Çünkü bir konuk geldi, ona yemek yapmak gerek." Fakat bizim Jack bunun bir tuzak olduğunu anlamıştı ve tavşan vermeyeceğini söyledi. Hizmetçinin üstelemesi üzerine de, "Kral'ın kızı kendi gelir isterse veririm," diye kestirip attı. Biraz sonra gerçekten de Kral'ın kızı şahsen çıkageldi. Ne var ki bu arada hani o küçük Demirden Adam gene Jack'in yanına gelmiş, buralarda ne aradığını sormuştu. O da, "Yüz tavşan otlatıyorum da biri bile kaçmasın diye bakıyorum, yoksa Kral'ın kızıyla evlenemeyeceğim," demişti. Küçük Adam da, "Güzel," diye karşılık vermişti. "Al sana bir düdük! Tavşanlardan biri kaçacak olursa hemen bu düdüğü çal, dönüp gelecektir."

Şimdi Kral'ın kızı çıkıp gelince Jack onun önlüğünün cebine bir tavşan koydu. Kralın kızı yüz adım kadar gittiği zaman Jack'in düdüğü çalmasıyla tavşanın cepten yere atladığı gibi hop, hop, hop, diye zıplaya-

rak Jack'in yanına dönmesi bir oldu. Akşam olunca bizim tavşan çobanı gene düdüğünü çaldı, sürüsünü saydı, gidip şatoya götürdü.

Kral bu delikanlının yüz tavşanı bütün gün otlatıp hiçbirini kaçırmamasına şaşıp kalmıştı. Gene de kızını ona vermeye hâlâ içi razı değildi. "İlkin bana Koca Grifon'un kuyruğundan bir tüy getirmelisin," diye yeni bir koşul ileri sürdü.

Jack hiç itiraz etmeden hemen yola çıktı, hızlı hızlı yürümeye koyuldu. Akşamleyin bir şatoya vardı, geceyi orada geçirebilmek için izin istedi, çünkü o çağda daha otel, han gibi şeyler yoktu. Şatonun sahibi Jack'i güler yüzle karşıladı, nereye gittiğini sordu. O da, "Koca Grifon'u görmeye," diye yanıtladı. "Ha, öyle mi?" dedi şato sahibi. "Koca Grifon'un her şeyi bildiği söylenir. Ben de eski demir para kasamın anahtarını yitirdim. Zahmet olmazsa anahtarın nerede olduğunu Grifon'a sorar mısın?"

Jack, "Elbette sorarım," dedi.

Ertesi sabah gene yola koyuldu ve bir başka şatoya geldi; o geceyi de orada geçirdi. Onun Koca Grifon'u görmeye gittiğini duyan şato sahipleri ricada bulundular: Kızları hastaymış, bir türlü iyileşmiyormuş, Jack bir iyilik eder de Grifon'a, bu her şeyi bilen, aslan başlı, kartal gövdeli canavara kızcağızın nasıl iyileşebileceğini sorar mıymış? Jack bunu seve seve yapacağını söyledi, sonra yoluna devam etti. Bir süre sonra bir göl kıyısına geldi. Gölün karşı kıyısına geçmek için kayık yerine yolcuları omzunda taşıyan irikıyım bir adam vardı. Bu adam Jack'e nereye gittiğini sordu, o da, "Koca Grifon'a," dedi.

Adam, "Onu bulduğunda ne olur soruver," diye yalvardı. "Ben ne diye böyle herkesi karşıdan karşıya taşımak zorundayım?"

Jack de, "Aa, elbette," diye yanıtladı. "Vay canına, öyle ya! Evet, seve seve sorarım." Adam da onu omzuna bindirerek karşı kıyıya taşıdı.

En sonunda Jack aslan başlı, kartal gövdeli yaratığın evine ulaştı; ama Grifon evde değildi, yalnızca karısı vardı. Kadın bizim delikanlıya ne istediğini sordu, o da Grifon'un kuyruğundan bir tüy koparması gerektiğini anlattı. Sonra şatonun birinde para kasasının anahtarı kayıptı, bir başkasında da bir türlü iyileşemeyen bir kız vardı; göl kıyısında yolcuları karşıdan karşıya taşıyan adamcağız da neden bu işi sürekli yapmak zorunda olduğunu merak ediyordu. Jack, Grifon'a bu soruların yanıtını de soracaktı.

Kadın, "Yalnız şu var, dostum," dedi. "Hiçbir insanoğlu Grifon'la konuşamaz çünkü Grifon onu yer. Ama sen istersen şuraya, onun yatağının altına saklanabilirsin. Öteki sorulara gelince, bunları kocama ben sorarım."

Jack bu öneriye sevinerek hemen yatağın altına girdi. Akşam olunca Koca Grifon evine döndü. Odaya

girer girmez, "Karıcığım, burnuma insan kokusu ge-
liyor!" dedi. Karısı, "Evet," diye yanıtladı. "Bugün bir
tanesi buraya geldi ya, ben hemen sepetledim." Koca
Grifon bu sözlere inandı.

Gecenin yarısında Koca Grifon horuldayarak
uyurken bizim Jack yatağın altından uzandı, onun
kuyruğundan bir tüy kopardı. Grifon hışımla yerinden
fırlayarak, "Kadın! Burnuma insan kokusu geliyor be-
nim!" diye böğürdü. "Hem birisi demin kuyruğumdan
tüy koparmış gibi oldu." Karısı, "Herhalde rüya gö-
rüyordun," dedi. "Söyledim sana, bugün buraya bir
insanoğlu geldi; ama sonra gene gitti. Bir sürü şey
anlattı bana: Şatonun birinde para kasasının anah-
tarını yitirmişler, bulamıyorlarmış." Grifon, "Hah
sersemler!" diye kükredi. "Anahtar odunlukta, kapı
ardındaki odun yığınının altında." Grifon'un karısı,
"Bir başka şatoda da hasta bir kız varmış, bir türlü
iyi edemiyorlarmış," dedi. Grifon, "Hah sersemler!"
dedi gene. "Mahzen merdiveninin altında bir kurba-
ğa, kızın saçından kendine yuva yapmış. Saçı oradan
alırlarsa kız iyileşir." "Sonra bir de göl kenarında bir
adam varmış, yolcuları bir kıyıdan öbürüne omzunda
taşımak zorundaymış." Grifon, "Sersem de ondan!"
diye homurdandı. "Gölün orta yerine bir adam koysa
karşı kıyıya kadar gitmekten kurtulur."

Ertesi sabah erkenden Koca Grifon kalkıp or-
mana gitti, Jack de yatağın altından çıktı. Elinde gü-

zel bir tüy vardı; Grifon'un kasa anahtarı, hasta kız ve göl kıyısındaki adam konusunda söylediklerini de duymuştu. Grifon'un karısına teşekkür etti, öğrendiklerini unutmamak için kendi kendine yineleyerek evinin yolunu tuttu.

İlkin göl kıyısındaki adama geldi, adam ona hemen Grifon'un ne dediğini sordu. Jack da, "Önce beni gölden geçir, sonra söylerim," dedi. Adam onu gölden geçirdi, o da adama Grifon'dan duyduklarını anlattı. Adamcağız öyle sevindi, öyle sevindi ki onu bir kez daha bedavadan karşı kıyıya götürüp getirmeyi önerdi ama Jack, "Sağ ol, hiç zahmet etme," diyerek yoluna devam etti.

Bundan sonra Jack kızları hasta olan insanların şatosuna geldi. Yürüyemeyecek kadar bitkin olan kızı omzuna alarak bodrum merdiveninden aşağı indirdi, en alt basamaktaki kurbağa yuvasını alıp onun eline verdi. Kızcağız da anında iyileşerek yere atladığı gibi Jack'in önünden yukarıya koştu. Anasıyla babası bunu görünce sevinçlerinden adeta uçtular. Jack'e altınlar, gümüşler armağan ettiler.

Jack öbür şatoya ulaştığında dosdoğru odunluğa gitti, sahiden de kapı ardındaki odun yığınının altında duran anahtarı bularak evin efendisine götürdü. Adam buna öyle sevindi ki sandığın içindeki altınların bir avuç dolusunu Jack'e vermekle yetinmeyip inek, koyun, keçi gibi armağanlar da verdi.

Jack böylece altınları, gümüşleri, koyun, keçi ve inekleriyle birlikte Kral'ın karşısına gelince Kral şaşkına dönerek ona bütün bunları nereden ve nasıl edindiğini sordu. Jack de Koca Grifon'un insana her istediğini bağışladığını söyledi. Bunu duyan Kral Grifon'un yanına gitmek üzere hemen yola koyuldu ve bir süre sonra göl kıyısına geldi. Şu Tanrı'nın işine bakın ki Jack'ten sonra göl kıyısına gelen ilk yolcu oydu. Böylece kıyıdaki adam onu gölün orta yerine götürüp bıraktı, Kral da boğulup öldü.

Böylece bizim Jack, Kral'ın kızıyla evlenerek Kral oldu.

zavallı yetimin mezarı

Bir zamanlar zavallı bir çocukcağız vardı. Annesi de babası da ölmüş olduğu için yargıç onu zengin bir çiftçinin yanına evlatlık vermişti. Yazık ki çiftçi de karısı da kötü yürekli, kötü huylu kişilerdi. Onca servetlerine karşın cimri, aç gözlü, mal düşkünüydüler. Bu yüzden yanlarına verilen çocuğa da haince davranıyorlardı.

Günün birinde çocuğu kümese, gurk tavukla civcivlere göz kulak olmaya yolladılar. Bir ara tavuk tahta perdedeki bir delikten dışarı kaçtı, tam o sırada oralardan geçmekte olan bir şahin de onu kaptığı gibi kaçırdı. Zavallı çocuk, "Hırsız var! Koşun hırsız var!" diye bir yaygara kopardı, ama neye yarar? Şahin kapacağını kapmış, çoktan göğe yükselip bulutların arasında gözden kaybolmuştu.

Şamatayı duyan çiftçi dışarı fırladı, ne oluyor, diye koşup geldi. Tavuğun gitmiş olduğunu görünce öyle öfkelendi ki çocuğu neredeyse dayaktan öldürüyordu. Zavallı çocuk, kaç gün yerinden kıpırdayamadı. Ayağa kalktığı zaman ona civcivlerin başını beklemek düştü. Bu çok zor bir işti çünkü piliçlerden biri durduk yerde koşmaya başlasa hepsi peşinden gidiyorlardı. Çocukcağız sonunda işi sağlam tutmak için uzun bir ip aldı, civcivleri ayaklarından birbirlerine bağladı. Artık hiçbirinin koşup kaçamayacağını, şahine de yem olmayacağını düşünüyordu. Ama bu kez de ne olsa beğenirsiniz? Birkaç gün sonra çocuk bir ara yorgunluktan gözlerini kapayınca şahin gene gelip civcivlerden birini gagasına almaz mı? Civcivler birbirlerine bağlı olduğu için hepsi birden havalandılar ve şahine yem oldular. Tam o sırada çiftçi tarladan dönmüştü. Durumu görünce küplere binerek sopasına sarıldı, öyle bir dayak attı ki zavallı yetim günlerce yatağından kalkamadı.

Sonunda iyileştiği zaman çiftçi onu karşısına alarak, "Öyle aptalsın ki çoban olarak işime yaramıyorsun," dedi. "Bundan sonra ben de seni el ulağı olarak getir-götür işlerinde kullanacağım." Böyle diyerek eline bir mektupla bir sepet üzüm verdi ve onu yargıca yolladı.

Yolda çocuk öyle susadı, öyle acıktı ki dayanamadı, sepetteki üzümlerin iki salkımını yedi. Sepetle mektubu görünce yargıç ilkin mektubu okudu, sonra üzüm salkımlarını sayarak, "Bunlardan ikisi eksik,"

dedi. Çocuk da açlığına, susuzluğuna dayanamayarak iki salkım üzümü yemiş olduğunu açık yüreklilikle itiraf etti.

Bir süre sonra çiftçi gene bir sepete üzüm doldurarak bir mektupla birlikte yargıca yolladı. Yolda çocuk gene açlığına, susuzluğuna dayanamayarak iki salkım üzüm yedi. Ama bu kez çiftçinin mektubunu bir taşın altına gömdü. Sepeti götürünce yargıç gene üzüm salkımlarını sayarak, "Bunlar eksik," demez mi? Çocukcağız, "Aa, nasıl bildiniz?" diye hayretle bağırdı. "Okumuş olamazsınız, çünkü ben mektubu taşın altına gömdüm!"

Yargıç onun bu saflığı karşısında gülmekten kendini alamadı. Çiftçiye bir mektup yazarak yetime iyi davranmasını, aç susuz bırakmayıp iyi bakmasını, yoksa hakla haksızlık arasındaki farkı ona göstereceğini bildirdi.

Katı yürekli çiftçi bu mektubu okuyunca yetime dönerek, "Hakla haksızlık arasındaki farkı ben şimdi gösteririm sana!" diye gürledi. "Yediğin yemek karşılığında çalışman gerek. Yanlış bir iş yaptığın zaman da ödülün elbet kötek olacaktır."

Ertesi gün çocuğa çok ağır bir iş verdi: Ata yem olarak birkaç deste saman biçmek. Sonra da kaşlarını çatarak, "Beş saatte döneceğim, bu işi o zamana kadar bitirememişsen seni bir güzel döveceğim," diye gözdağı verdi. Bu tatlı sözlerden sonra yanına hanımıyla uşağını alarak pazara gitti. Çocuk için yalnızca bir parça kuru ekmek bıraktı.

Çocuk biçki makinesinin başına geçip var gücüyle samanları biçmeye başladı. Biraz sonra terledi ve ceketini çıkarıp samanların üzerine bıraktı. İşini efendisi gelmeden önce bitirebilmek için öyle telaşlanıyordu ki dalgınlığından ceketini samanlarla birlikte makineye atmaz mı? Ceket de parça parça doğranmış oldu. Daha sonra çocuk hatasının farkına varınca büyük bir korkuya kapıldı, "Eyvah, başıma gelenler!" diye inledi. "Efendim boş yere gözdağı vermedi bana! Döndüğü zaman yaptığımı görünce beni dayaktan öldürür artık. Bari ben kendi canımı alayım."

Çiftçinin karısının uzun zamandır, "Yatağımın altındaki kavanozda zehir var," dediğini duymuştu. Aslında kavanozda bal vardı, ama kadın kimse ilişmesin diye, zehir, diyordu. Bunu bilmeyen çocuk gidip kavanozu aldı, içindekini yedi. Kendi kendine, "Bir de ölüm acıdır derlerdi, oysa nasıl da tatlıymış!" diye düşünüyordu. "Boşuna bizim hanım hep, 'Ölsem de kurtulsam!' der durur." Böyle düşünerek çocukcağız yere uzandı, kendini ölüme terk etti. Ama kendinden geçeceği yerde giderek canlanıyordu. Biraz sonra, "Yediğim şey zehir olamaz," dedi. "Efendim bir gün elbise dolabında bir şişe böcek zehiri durduğunu söylemişti, onu içersem herhalde ölürüm." Gel gör ki bu da zehir mehir değil nefis bir Macar şarabıydı!

Bunu bilmeyen çocuk şişeyi alıp içindekileri içti ve, "Bu ölümün de tadı pek güzelmiş!" diye düşündü. Az sonra şarap başına vurup onu sersemletmeye başlayınca zavallı yetim ölümün yaklaştığı kanısına vardı. "Can çekişiyorum madem kabristana gidip kendime bir mezar bulayım bari," diye düşündü.

Sendeleyerek zar zor mezarlığa ulaştı. Orada yeni açılmış bir mezar çukurunun içine yattı ve kendinden geçti. Zavallı kimsesiz çocuk bir daha bu dünyada gözlerini açamadı. İçtiği şarabın üstüne geceleyin düşen buz gibi çiyler onun hayatını söndürdü. Onu yatmakta olduğu mezara gömdüler.

Çiftçi onun ölüm haberini alınca kendini sorumlu tutup suçlarlar diye öyle korktu ki baygınlık geçirdi.

O sırada ateşin üstündeki tavada yağ kızartmakta olan karısı telaşla onun yanına koşunca tavadaki yağ alev aldı, anında alevler bütün ocağı, oradan da evi sardı ve birkaç saat içinde küle çevirdi.

Çiftçiyle karısı bundan sonra uğursuzluktan hiç kurtulamadılar ve ömürlerinin sonuna dek mutsuz ve yoksul yaşadılar.

Kirpi ile Tavşan

Sevgili genç okurlarım, şu anlatacağım öykü sizlere yalanmış gibi gelebilir; ama doğru olması gerek, çünkü dedem bunu bana anlatırken, "Bütün bunlar doğrudur, oğlum, doğru olmasa böyle dededen toruna anlatılıp durmazdı," derdi. Neyse, biz anlatmamıza bakalım:

Hasat mevsiminden hemen önce, güzel bir yaz sabahıydı. Mavi gökte güneş parlıyor, çiçeğe durmuş kara buğday tarlalarının üzerinde tatlı bir yel geziniyor, tarlakuşları en neşeli şarkılarını söylüyorlardı. Kır yollarında insanların, yabanlıklarını giymiş, kiliseye gittikleri görülüyordu. Tanrı'nın bütün yaratıkları hayatlarından memnun gibiydi. Kirpi bile sokak kapısının önüne çıkmış, neşeli bir ıslık tutturmuştu. Karısı içeride bulaşıkları yıkasın da gelsin diye bekliyordu; tarlalarda bir yürüyüş yapıp ürünün nasıl olduğuna bakacaklardı. Gelgelelim Kirpi Hatun'un işi öyle uzun sürdü ki kocası daha fazla beklemeyerek kendi başına yola koyuldu. Bir süre sonra bir lahana tarlasına geldi ve çitin altında bir tavşan gördü ve onun da kendisi gibi taze lahana peşinde olduğuna karar verdi.

"Günaydın, Bay Tavşan," dedi. Ne var ki kibirli bir hayvan olan Tavşan onun bu selamına karşılık bile vermedi. Yalnızca kurumlu bir sesle, "Böyle sabah sabah tarlalarda ne işin var?" diye sordu.

Kirpi, "Yürüyüş yapıyordum," diye yanıtladı.

Tavşan, "Yürüyüş ha? O bacaklarla mı?" diye burun kıvırdı.

Bu sözler Kirpi'yi çok üzdü ve sinirlendirdi. Bacaklarının kısalığına değinilmesinden hiç hoşlanmazdı. Zaten bunda onun bir suçu yoktu ki!

"Bacakların benimkinden uzun diye böbürlenmenin hiç gereği yok!" dedi. "Seninle bir yarış yapsak kalıbımı basarım ki ben kazanırım!"

Tavşan, "Sen ha?" diye burun kıvırdı. "O bacaklarla ha? Güldürme beni! Ama mademki istiyorsun, hayhay yarışalım. Nesine bahse tutuşacağız?"

"Bir altınla bir şişe şarabına."

"Oldu," dedi Tavşan. "Hadi, hemen başlayalım."

Ama Kirpi, "Yok, o kadar acele değil," diye yanıtladı. "Benim önce eve gidip biraz dinlenmem gerek. Yarım saat sonra burada buluşalım."

Kirpi böyle diyerek hızla uzaklaştı, Tavşan da

gülümseyerek onun ardından baktı. Kirpi evine dönerken içinden, "Şu Tavşan'ın çalımından yanına varılmıyor, ama zekâsı pek parlak değil," diye düşünüyordu. "Bacaklarına pek güveniyor, oysa ben de kafamı kullanıp yarışta onu geçeceğim."

Eve gider gitmez karısına, "Çabuk giyin, dışarı çıkıyoruz," dedi. Karısı, "Bu telaşın nedir böyle?" diye sordu. Kirpi, "Bay Tavşan'la bir altın ve bir şişe şarabına bahse tutuştum, yarış yapacağız," diye yanıtladı. "Sen aklını mı kaçırdın? Ne dediğinin farkında mısın? Tavşan'ın hızına nasıl yetişebilirsin?" dedi karısı. Ama Kirpi, "Sus bakayım, erkek işlerine senin aklın ermez," demekle yetindi. "Hadi çabuk, çıkıyoruz."

Böylece yola çıktılar. "Şimdi beni iyi dinle," dedi Kirpi. "Şu karşıki uzun tarlada yarışacağız. Ben çitin bu yanından koşacağım, Tavşan da öbür yanından. Senin yapacağın şey hemen gidip çitin bitiminde durmak. Tavşan çitin öbür yanından o noktaya vardığı zaman da, 'Ben buradayım, çoktan geldim,' diye bağıracaksın."

Böylece Kirpi çitin başladığı yerde, karısı da bitiminde yerlerini aldılar. Az sonra Tavşan da geldi.

"Yarışa hazır mısın?" diye sordu. Kirpi, "Hazırım," dedi. Çitin iki yanına geçtiler. Tavşan, "Bir, kii, üç, koş!" diye bağırarak rüzgâr gibi başladı koşuya. Kirpi ise yalnızca üç adım attı, sonra gene yerine döndü.

Tavşan var hızıyla çitin bitimine ulaşmıştı, ama

daha en son adımını atmadan Kirpi'nin karısı çitin ardından, "Ben buradayım, çoktan geldim!" diye seslenmez mi? Tavşan beyninden vurulmuşa döndü. Yenilgiyi kabul edemezdi! "Gene yarışalım!" diye bağırdı. "Hadi, bir, kii, üç, koş!" diyerek gene son hızla gerisin geri koşmaya başladı. Gel gör ki daha çitin bitimine varmadan Kirpi, "Buradayım! Çoktan geldim!" diye bağırarak karşısına çıkmaz mı?

Tavşan, şaşkınlıktan küçükdilini yutarak, "Nee? Gene mi" dedi. "Olamaz. Hadi, bir kez daha yarışacağız." "Sen kaç kez istersen!" dedi Kirpi, büyük bir nezaketle. "Beni hiç düşünme, ben yorulmam."

İşte böyle, Tavşan o sabah tarlanın bir ucundan öbür ucuna tam yetmiş üç kez koştu ve sonunda bitkin yere yığıldı kaldı, bir süre kalkamadı. Kirpi'yse kazandığı altın parayla şarabı aldı, karısını da koluna takarak tıngır mıngır evine döndü.

gerçek gelin

Bir zamanlar genç, güzel bir kız vardı. Annesini küçük yaşta kaybetmiş olan bu kız kötü yürekli üvey annesi tarafından çok eziliyordu. Kimseden bir yakınlık ve anlayış görmeden, ağır işler yapmak zorunda kalıyor, bunları hiç yakınmadan yapmaya çalıştığı halde gene de üvey annesine yaranamıyor, onun o taş yüreğini bir türlü yumuşatamıyordu. O çalıştıkça üvey annesi sanki iş icat ediyor, onun yaşamını zindan etmek için yeni yeni yollar buluyordu.

Bir gün kızın yanına gelerek, "İşte iki çuval kuş kanadı," dedi. "Bunların tüylerini ayıklayacaksın. Bu akşama kadar hepsi bitmiş olmalı. Yoksa benden bir güzel sopa yediğinin resmidir. Ne o? Yoksa bütün gün yan gelip aylaklık edebileceğini mi sanmıştın?"

Kızcağız hiç vakit kaybetmeden işe koyuldu. Bir yandan da gözyaşları yanaklarından aşağı süzülüyordu, çünkü önündeki işin akşama değin bitmeyeceği belliydi. Ama o gene de yılmadan çalışıyordu. Arada yorgunluktan iç geçirip gözlerini yumsa bile hemen kendini toparlıyor, tüyleri daha da hızlı ayıklamaya çabalıyordu. Böyle saatler geçti. Bir ara iyice yorgun düşen kız kollarını masaya, başını kollarına dayayarak, "Ah!" diye inledi. "Benim halime acıyacak kimse yok mu?"

Birden tatlı bir sesin, "Ağlama artık güzel kız, ben sana yardım etmeye geldim," demesiyle şaşırarak başını kaldırdı. Bir de ne görsün? Yanı başında nur yüzlü bir ihtiyar kadın durmuyor mu? Yaşlı kadın onun elini tutarak hep o aynı tatlı sesle, "Bana güven, derdini anlat," dedi.

Bunun üzerine kız da ona acıklı durumunu, durmadan en ağır işleri yaptığını, gene de üvey annesini memnun edemediğini, çilesinin bir türlü bitmek bilmediğini bir bir anlattı. Gözyaşları gene sicim gibi akmaya başlamıştı; ama yaşlı kadın ona, "Sil şu yaşları," dedi. "Sen biraz dinlen, tüyleri ben ayıklarım." Kızcağız ona teşekkür ederek yatağa uzanıp gözlerini yumdu, derin bir uykuya daldı. İhtiyar kadın da masa başına geçti, o ince parmaklarıyla çalışarak iki çuval tüyü kısa zamanda ayıklayıp bitirdi.

Kız uyandığında bir de ne görsün? Masa başında, ayıklanmış pamuk gibi tüylerden bir tepe yükseliyordu ve her yer temizlenip süpürülmüştü; ama o nur yüzlü ihtiyar kadın görünürlerde yoktu. Kız da Tanrı'ya şükürler ederek akşamın olmasını bekledi.

Akşamleyin odaya gelen üvey anne her işin yapılıp bitirilmiş olduğunu görünce şaşkınlıktan nerdeyse dilini yutuyordu. Gene de kaşlarını çatarak, "Ahmak şey!" dedi. "Demek insan isterse her işin üstesinden gelebilirmiş. Böyle aylak aylak oturup beni bekleyeceğine yapacak başka bir iş bulsaydın ya!" Sonra içinden, "Bu kıza daha zor, daha çetin işler bulmalıyım," diye söylenerek dışarı çıktı.

Nitekim ertesi sabah gene kızın odasına geldi. Elindeki kaşığı uzatarak, "Al," dedi. "Bahçenin dibindeki büyük havuzun suyunu bununla boşaltacaksın. İşini akşama kadar bitirmezsen başına geleceği de biliyorsun."

Kızcağız kaşığı alıp büyük havuzun başına giderken kaşığın delik olduğunu gördü, ama zaten delik olmasa da verilen işi akşama kadar bitirmesinin olanağı yoktu. Gene de kız havuz başına diz çökerek işe girişti. Bir yandan da ağlıyordu. Az sonra bir gün önceki ak saçlı, nur yüzlü kadın gene yanı başında belirerek ona neden ağladığını sordu, o da üvey annesinin yüklediği işi anlattı. Yaşlı kadın, "Üzülme artık," dedi. "Sen git, şu ağacın altına uzanıp dinlen, ben havuzun suyunu bu kaşıkla boşaltırım." Kız denileni yaptı, ağacın altına uzanıp rahat bir uykuya daldı. Yalnız kalan ihtiyar kadın da havuzun suyuna şöyle bir dokundu. Bütün sular anında buharlaşıp havaya yükselerek bulutlara karıştılar. Kız günbatımında uyandığı zaman koca havuzun boşalmış, ihtiyar kadının da gözden kaybolmuş olduğunu gördü. Havuzun dibindeki çamurlar arasında balıklar zıplıyordu. Bunun üzerine kız gidip üvey annesine havuzun sularını boşaltmış olduğunu bildirdi. Hain kadın bunu duyunca sinirinden sapsarı kesilerek, "Çoktan bitirmiş olmalıydın!" diye homurdandı ve üvey kızına yükleyecek daha zor bir iş düşünmeye girişti.

Ertesi sabah onu karşısına çağırarak, "Bana şu karşıki ovada görkemli bir saray yapmanı istiyorum," dedi. "Hem de akşamdan önce bitireceksin."

Kızcağız bunu duyunca korkudan titreyerek, "Böyle bir işi ben nasıl yapabilirim? Hele akşama kadar nasıl bitirebilirim?" diye ağlamaya başladı. Ama üvey annesi onun gözünün yaşına bakmayarak, "Boş yere sızlanma," diye bağırdı. "Koca bir havuzu delik bir kaşıkla bir günde boşaltabilirsen saray da yapabilirsin. Akşama hazır olacak! En ufak bir ayrıntısını eksik bırakacak olursan gününü görürsün."

Böyle diyerek kızı evden kovdu. Kızcağız ağlaya ağlaya onun dediği yere gitti. Burada bir sürü taş dağ gibi yığılmış bekliyordu; ama hepsi de çok ağırdı. Kız bunların en küçüğünü bile kaldıramayınca oturup ağlamaya başladı; ama bir taraftan da o ak saçlı, iyi yürekli kadının çıkageleceğini umuyordu. Gerçekten de az sonra nur yüzlü ihtiyar, kızın yanı başında belirerek neden üzgün olduğunu sordu. O da başına gelenleri anlattı. Bunun üzerine kadın ona gidip bir yanda yatmasını, şatoyu kendisinin kuracağını, onun da mutlu olduğu zaman bu şatoda oturacağını söyledi. Yalnız kaldığı zaman parmaklarının ucuyla şöyle bir dokunur dokunmaz taşlar havada uçmaya başlamaz mı? Sanki gözle görülmeyen devler inşaat yapıyorlardı! Yıldırım hızıyla iskeleler kurulup duvarlar örüldü, çatılar çakılıp kiremitler döşendi. Öğle olduğu zaman çatının en tepesine bir rüzgâr horozu bile dikilmiş bulunuyordu! Öğleden sonra sarayın iç bölümleri yapıldı, dayanıp döşendi. (Yaşlı kadının bütün bunları nasıl becerdiğini bilemiyorum.) Bütün duvarlar ipek ve kadife kaplıydı, mermer masaların çevresinde oymalı, yaldızlı koltuklar sıralanıyor, tavanlardan sarkan görkemli avizeler kristal aynalara yansıyordu. Altın kafesler içinde tatlı seslerle öten papağanlar ve çeşit çeşit kuşlar da vardı. Kısacası krallara layık bir görkem!

Güneş tam batmak üzereyken genç kız gözlerini açtı ve şatonun pencerelerinden vuran binlerce lambanın parıltısını gördü. Hemen koşarak açık duran kapıdan içeri girdi, kırmızı halı döşenmiş merdivenden yukarı çıktı ve buradaki salonun görkemi karşısında ağzı açık kaldı. Sonra aklına üvey annesi gelerek, "Oh," dedi. "Belki bu şatoya yerleşirse mutlu olur da beni daha fazla üzmez!" Böylece hemen üvey annesinin yanına koştu, onu alıp şatoya götürdü.

Hain kadın şatoya girince bir an avizelerin parıltısından gözlerinin kör olacağını sandı. Sonra gene dudak bükerek, "Gördün mü ne kadar kolaymış?" diye söylendi. "Sana daha zor bir iş vermem gerekiyormuş demek!" Böyle diyerek her tarafı ince ince gözden geçirmeye başladı. Kusurlu, eksik bir şey bulmaya çalışıyor, bulamıyordu. "Üst katlara da bakalım," dedi. "Sonra da mutfaklara, mahzenlere bakarız. Bir eksik bulursam ben sana gününü gösteririm!" Gelgelelim, ocaklarda gürül gürül ateşler yanıyor, tencerelerde etler pişiyor, sıra sıra asılmış bakır kapkacağın ışıltısı göz alıyordu. Hiçbir eksik ve kusur bulamayan hain kadın, "Mahzen kapısı nerede?" diye homurdandı. "Haberin olsun! Eğer mahzen en nadide şaraplarla dolu değilse elimden çekeceğin var!"

Böyle diyerek yerdeki mahzen kapağını kaldırdı, basamaklardan aşağı inmeye başladı; ama daha birkaç adım anca inmişti ki ağır kapak büyük bir gürültüyle kapanıverdi. Bizim kız hemen onun yardımına koştuysa da kapağı kaldırıp baktığı zaman üvey annesinin en alt basamakta cansız yattığını gördü.

Bu görkemli şato artık onundu. Genç kız şimdi burada tek başına oturuyor, talihine şükrediyordu. Hangi dolabın kapısını açsa karşısına gümüş ve altın işlemeli, değerli taşlarla bezeli elbiseler çıkıyor, da-

hası, içinden geçirdiği bütün dilekler anında gerçek oluyordu! Güzelliğiyle servetinin ünü her yana yayılmakta gecikmemişti. Onunla evlenmek isteyen bir sürü genç erkek her gün kapısını aşındırıyor; ama o bunların hiçbirine ısınamıyordu. En sonunda günlerden bir gün çıkıp gelen genç, yakışıklı bir prense gönül verdi ve onunla evlenmek için söz verdi.

Bir sabah şatonun bahçesindeki yemyeşil bir ıhlamur ağacının altında oturmuş konuşurlarken Prens, "Evlenebilmemiz için gidip babamın rızasını alacağım," dedi. "Bu ıhlamur ağacının altında bekle beni, birkaç saate kalmaz dönerim."

Genç kız onu ilkin sol yanağından öperek, "Seni bu yanağından kimsenin öpmesine izin verme, bana bağlı kal," dedi. "Seni burada bekliyorum."

Böylece güneş batana değin ıhlamur ağacının altında beklediyse de Prens geri gelmedi. Kız bundan sonra üç gün daha, güneşin doğmasından batmasına kadar ıhlamur ağacının altında bekledi; ama Prens dönmek bilmiyordu. Dördüncü günün sonunda da sevdiği adam ortaya çıkmayınca genç kız onun başına bir felaket geldiğini düşündü ve yollara çıkıp onu aramaya karar verdi. Böylece, en güzel üç elbisesini seçip yanına aldı. Bu elbiselerden birinin üzerine altın yıldızlar, ikincisinin üzerine gümüş aylar, üçüncüsüne de sırma güneşler işlenmişti. Kızcağız bir mendil içine de bir avuç mücevher doldurup çıkın yaparak yanına aldı, yola çıktı.

Her yerde sözlüsünü soruyordu; ama Prens'i tanıyan, yerini yurdunu bilen hiç kimse yok gibiydi. Böylece kızcağız yolculuğunu sürdürdü, az gitti uz gitti, dere tepe düz gitti; ama Prensini bir türlü bulamadı. Sonunda umutsuzluğa kapılarak bir çiftçinin yanına çoban olarak girdi, elbiseleriyle mücevherlerini de bir taşın altına gizledi. Böylece sürülerini otlatarak birkaç yıl geçirdi. Gözleri her an yaşlı, aklı her an sevgili Prensinin düşünceleriyle doluydu. Çok sevdiği bir buzağısı vardı. Buzağı yemini onun avucundan yer, onun sesini duyunca önünde yere diz çökerdi. O da hayvana şöyle seslenirdi:

Buzağım buzağım, gel al yemini
Sen vefalı çık da unutma beni,
Yeşil ıhlamurun dalı altında
Bekletip gelmeyen o Prens gibi!

İkinci yılın sonunda, ülkenin kralının kızı evleniyor, diye bir haber duyuldu. Kente giden yol kızın oturduğu köyün içinden geçiyordu. Bu yüzden bir gün davarlarını otlatırken, prensesle evlenecek olan damat adayının atı üstünde geçtiğini gördü. Genç adam al atının üzerinde gururlu bir tavırla oturmaktaydı. Yolun kıyısındaki çoban kızını görmemişti bile! Oysa kız onu hemen tanımış ve yüreğine sanki bir hançer saplanmıştı. "Heyhat!" diye düşündü. "Beni unutmuş bile!"

Ertesi gün Prens gene oradan geçerken bizim kız buzağısına seslendi:

Buzağım buzağım, gel al yemini,
Sen vefalı çık da unutma beni
Yeşil ıhlamurun dalı altında
Bekletip gelmeyen o Prens gibi.

Efendime söyleyim, Prens bu sesi duyunca çevresine bakındı, atını durdurdu. Yol kıyısındaki çoban kızının yüzüne soru sorarcasına baktı, bir şeyler anımsıyormuş gibi elini alnından geçirdi. Sonra başını şöyle bir sallayarak atını sürdü, geçti gitti. "Heyhat, heyhat!" diye inledi zavallı kız, "Beni hiç anımsamıyor!"

Şimdi kralın sarayında üç gün üç gece bayram yapılacaktı ve herkes bu eğlenceye davetliydi. Kız içinden, "Kendimi ona hatırlatmak için son bir çaba harcayacağım," diye düşündü. Bayramın ilk akşamı elbiseleriyle takılarının gömülü durduğu yere gitti, taşın altından sırma güneşli elbiseyi alıp giydi, buna uygun takılar taktı, örgülerini açıp saçlarını da dalga dalga omuzlarına bıraktı. Sonra alacakaranlıkta kır yollarından geçerek kente gitti.

Kristal avizelerin aydınlattığı salona girer girmez güzelliği bütün gözleri kamaştırdı. Prens de gidip onu dansa kaldırdı ve güzelliğinin yanı sıra kibarlığıyla da büyülenmiş olarak nişanlısını unuttu gitti. Ama balo sona erer ermez bizim kız kalabalığın arasına karışarak saraydan uzaklaştı, koşa koşa köydeki evine döndü. Sırtındaki şahane elbiseyle takıları çıkarıp gene taşın altına gömdü, gün doğmadan çobanlık elbisesini sırtına geçirdi.

Bayramın ikinci gecesi kız gümüş aylarla işlenmiş olan elbisesini giyerek saçlarına değerli taşlardan yapılma bir hilal iğne taktı. Balo salonunun kapısından içeri adımını atar atmaz bütün gözler gene ona çevrildi. Ve gönlünü ona iyice kaptırmış olan Prens gene bütün gece yalnız onunla dans etti, ayrılacakları zaman da ertesi gece gene geleceğine dair ondan söz aldı.

Genç kız üçüncü gece balo salonunun kapısında belirdiği zaman sırtında yıldız işlemeli elbisesi vardı, saçlarını da elmas yıldızlar süslüyordu. Prens hemen gidip onu kolları arasına alarak, "Kimsin sen?" diye sordu. "Sanki seni önceden tanıyormuşum gibi bir his var içimde."

Kız, "Seni uğurlarken ne yapmıştım, unuttun mu?" diyerek gene onun sol yanağına bir öpücük kondurdu. Ve o anda sanki bir büyü bozuldu, genç adam gözlerinden bir perde sıyrılmışçasına, gerçek sevgilisini tanıdı.

"Gel," dedi. "Burada kalamam artık." El ele dışarıya, Prens'in arabasının bulunduğu yere koştular, atları rüzgâr hızıyla sürerek genç kızın ışıklarla şıkır şıkır donanmış olan şatosuna vardılar.

Araba ıhlamur ağacının altından geçerken yüzlerce ateşböceğinin dallara üşüşmesiyle yapraklar hışırdadı ve ıhlamur çiçeklerinin baygın kokusu havayı doldurdu. Bahçede renk renk çiçekler açmış, kafeslerdeki nadide kuşların şakıması dört bir yanı sarmıştı. Bütün saray halkıyla papazlar genç Prens'le gerçek gelinin nikâhını kıymak için salonda hazır bekliyorlardı.

eş seçerken

Bir zamanlar evlenmek isteyen genç bir çoban vardı. Bekâr üç kız kardeş tanıyordu, ama bu kızların her biri öbürü kadar güzel olduğundan çoban bir türlü aralarında seçim yapamıyordu. Sonunda annesinden yardım istedi. Annesi de ona üç kız kardeşi yemeğe çağırmasını, sofraya bir tekerlek peynir koyarak kızların bu peyniri kesiş yöntemlerini gözlemlemesini söyledi. Genç adam annesinin söylediğini yaptı. Büyük kız peyniri kabuğuyla kesip kabuğuyla yedi. Ortanca kız peynirin kabuğunu öyle dikkatsizce kesti ki kabuğun yanı sıra peynirin yenecek yerleri de telef oldu. Oysa en küçük kız kabuğu titizlikle, tam dibinden kesti, peyniri hiç israf etmedi.

Çoban bunları annesine bir bir anlatınca anne, "Beni dinlersen en küçük kızla evlen," dedi.

Çoban da öyle yaptı ve ömür boyu huzur, bolluk içinde, mutlu yaşadı.

çalıkuşu

Evvel zaman içinde kuşlar bir arada yaşıyorlardı ve hepsinin anladığı ortak bir dilleri vardı. Bu dil bazen bir kaval sesine, bazen bir çığlığa, bazen ıslığa, bazen da müziğe benzerdi. Günün birinde kuşlar kralsız yapamayacaklarını akıllarına taktılar ve kendilerine gene kendi içlerinden bir kral seçmeye karar verdiler. Yalnızca yağmurkuşu bu fikrin karşısındaydı. "Özgür yaşadım ben, özgür ölürüm!" dedi ve kanatlarını çırparak oradan uçup gitti. Ücra, ıssız bir bataklığa gelince durdu, yuvasını oraya yaptı ve bir daha öteki kuşların arasına hiç karışmadı.

Geri kalan kuşlar kararlarında direndiler ve güzel bir mayıs sabahı dört bir yandan uçup gelerek bir araya toplandılar. Kartallar, ispinozlar, baykuşlar, kargalar, tarlakuşları, serçeler... Bütün kuşlar oradaydılar. Guguk kuşuyla hüthüt kuşu bile gelmişlerdi. Bu arada henüz adı konmamış ufacık bir kuş da ortalarda dolaşıp duruyordu. Nedense bu meseleden hiç haberi olmamış olan tavuk, kalabalığın büyüklüğüne şaşmıştı. "Bak, bak, bak, ne çok halk," diyor da başka bir şey demiyordu. Neyse ki horoz ona durumu açıkladı.

En yükseğe uçabilen kuşun kral olmasına karar verildi. Yarışma hemen şimdi yapılacaktı çünkü hava çok güzel, saat erkendi. Hiçbir kuşun sonradan, "Ben daha yükseğe uçabilirim; ama karanlık bastı!" demesine fırsat verilmeyecekti.

İşaret verilir verilmez bütün kuşlar havalandılar; hep bir arada çırpınan, hışırdayan sayısız kanat, kocaman bir bulut gibi gökyüzüne yükseldi. Küçük kuşlar fazla havalanamadıkları için çok geçmeden yarıştan vazgeçerek gene yere kondular. Daha iri olan kuşlarsa yükselmeyi sürdürüyorlardı. En yükseğe uçan da kartaldı. Kartal öylesine yükselmişti ki kanatlarının ucu neredeyse güneşe değecekti!

Kartal şimdi çevresine bakındı, öbür kuşların çok aşağılarda kalmış olduklarını görünce, "Bundan öte yükselmeye ne gerek var? Kral nasılsa benim," diyerek inişe geçti. Yere konduğu zaman bütün kuşlar bir ağızdan, "Kralımız sen olacaksın, çünkü hiç kimse senden daha yükseğe uçamadı!" diye bağırdılar.

Ama birden, "Benden başka!" diye bir ses yükselmez mi? Konuşan, hani şu henüz adı konmamış olan minik kuştu. Kendisi kartalın sırtındaki tüylerin arasına saklanmış olduğu için ondan daha yükseğe uçmuş sayılacağını ileri sürüyor, küçücük kanatlarını çırparak o tiz sesiyle, "Kral benim! Kral benim!" diye ötüyordu.

Öteki kuşlar kızarak, "Sen mi kralsın?" diye bağ-

rıştılar. "Yarışı hile ve kurnazlıkla kazandın sen; sayılmaz!"

Böylece yeni bir yarış düzenlediler. Bu kez toprağın en derinine inebilen kuş kral sayılacaktı.

Görülecek şeydi, doğrusu! Kaz yalpalayarak, horoz çalım satarak koşuşuyor, girecek en derin çukuru arıyorlardı. Hatta ördek yeni kazılmış bir mezar çukuruna atlamaya kalkıştı, fakat bileğini burktuğu için, çaresiz, "Şu işe bak! Şu işe bak!" diyerek kendini en yakın su birikintisine bıraktı.

Henüz adı konmamış olan küçük kuşa gelince; o bir sıçan deliği bularak en derinine kadar sokuldu ve oradan o tiz sesiyle, "Kral benim! Kral benim!" diye bağırmaya başladı.

Öteki kuşlar tepeleri atarak, "Sen kral ha!" diye bağrıştılar. "Senin kurnazlığın bize sökmez!" Böyle diyerek deliğin ağzını kapayıp küçük hileciyi açlıktan öldürmeye karar verdiler.

Bu karara göre baykuş geceleyin deliğin başında nöbet tutacak, küçük kuşun kaçmasına izin verirse öldürülecekti. Sonra, saatlerdir uçup durmaktan yorgun düşmüş oldukları için –artık akşam da olmuştu– bütün kuşlar yuvalarına çekilip uykuya daldılar. Baykuş fare deliğinin başında yalnız kaldı; o iri, yusyuvarlak gözlerini karanlığa dikerek nöbete başladı. Ama zamanla o da yoruldu. Düşündü ki suçlu kuşun kaçmasını önlemek için tek gözüyle

nöbet tutması yeterliydi; öbür gözüyle de uyuyabilir-
di. Böylece bir gözünü açık bırakarak öbür gözünü
yumdu. Bir süre sonra delikteki küçük kuş kaçmaya
yeltendiyse de baykuş onu gördü, gene deliğe soktu.
Böylece bir gözünü açık bırakıp öbürünü yummaya,
az sonra da açık gözünü yumup öbürünü açmaya
başladı. Böylelikle rahatça sabahlayabileceğini dü-
şünüyordu. Ama ne yazık ki bir seferinde yumulu
gözünü daha açmadan öbürünü de yumuvermez mi?
Delikteki suçlu kuş da bu bir anlık dalgınlıktan ya-
rarlanarak kaçtı, gitti.

O günden sonra baykuş gündüzleri ortaya çık-
mayı göze alamaz oldu. Öbür kuşların saldırısına uğ-
ramaktan korkuyordu. Baykuş artık bu yüzden yal-
nızca geceleri uçar ve fareleri kovalar, çünkü onun
felaketine bir fare yuvası neden olmuştur! Küçük kuş
da delikten kaçtıktan sonra öteki kuşların arasına ka-
rışmayı göze alamamış, onların kendini yaralama-
sından, hatta öldürmesinden korkmuştu. O gün bu
gündür çalılıklarda gizlenir, ancak duyan olmadığına
inandığı zamanlarda, "Kral benim! Kral benim!" diye
öter. Öteki kuşlar ondan, küçümseyerek, "Çalıkuşu"
diye söz ederler.

Yağız Hans

Çok eskiden ıssız bir vadide, tek çocuklarıyla birlikte yaşayan bir karı-koca vardı. Günlerden bir gün kadın yakacak odun toplamak için ormana gitti, henüz iki yaşında olan küçük oğlu Hans'ı da yanına aldı. Mevsimlerden ilkbahar başlangıcıydı. Küçük çocuk çevrede açmış olan rengârenk çiçekleri gördükçe seviniyordu. Bir çiçekten öbürüne giderken farkına varmadan ormanın içerilerine daldılar. Birden, bir çalılığın arkasından iki eşkıya çıkarak ana-oğulu kıskıvrak yakaladılar ve ormanın insan ayağı değmemiş kuytularına götürdüler. Kadıncağız, kendilerini salıversinler diye eşkıyalara yalvarıyordu; ama adamların yürekleri sanki taştan yapılmıştı. Kadının gözyaşları onlara vız geliyordu.

Böylece ağaçlar ve dikenli çalılıklar arasından üç kilometre kadar yol aldıktan sonra karşılarına bir kaya çıktı. Kayanın içinde bir kapı vardı. Hırsızlar vurunca bu kapı kendiliğinden açıldı. İçeri girince upuzun, loş bir geçitten geçerek sonunda kocaman bir mağaraya geldiler. Mağarayı, ocakta yanan gür bir ateş aydınlatıyordu. Duvarda kılıçlar, hançerler, ateşin ışığında parlayan başka silahlar asılıydı. Orta yerde simsiyah bir masa vardı. Masanın çevresinde dört eşkıya oturmuş, oyun oynamaktaydılar; baş köşedeki de reisleriydi.

Reis kadını görür görmez kalkıp yanına gitti, sessiz durur, olay çıkartmazsa ona kötülük etmeyeceklerini; ama evin bakımını üstlenmesi gerektiğini söyledi. Evi iyi yönetirse kendileri de ona ve oğluna iyi bakacaklardı. Böyle diyerek reis kadınla Hans'a yiyecek verdi, yatacakları yeri gösterdi.

Hans'la annesi uzun yıllar bu mağarada, eşkıyalarla birlikte kaldılar. Bu arada Hans büyüdü, güçlü kuvvetli, yağız bir delikanlı olup çıktı. Annesi ona mağarada bulduğu, şövalyeleri konu alan eski bir kitaptan, okuma-yazma öğretmişti. Hans dokuz yaşındayken bir gün bir çam dalından bir sopa yapıp yatağının altına gizledi, sonra annesine giderek, "Anneciğim, söyle bana, benim babam kim, mutlaka öğrenmek istiyorum artık," dedi. Ama annesi ona hiçbir şey söylemedi. Babasının kim olduğunu öğrenirse özlem duyacağından korkuyordu. Oysa kötü yürekli eşkıyalardan kaçabilmesine olanak yoktu. Diğer yandan çocuğun babasını bir daha asla göremeyeceğini düşünmek de kadıncağızı kahrediyordu.

Bir gece eşkıyalar soygundan döndükleri zaman Hans sopasını eline aldı, reisin karşısına geçerek, "Babamın kim olduğunu bilmek istiyorum, söylemezsen sana vururum!" dedi. Reis buna bir kahkahayla karşılık verdi, sonra bir de şamar atarak çocuğu masanın altına yuvarladı. Hans ayağa kalktı; ama içinden, "Hele bir yıl daha bekleyeyim de biraz daha büyüyeyim," diye düşündü. "Belki o zaman bu işi başarırım."

Böylece bir yıl sona erince Hans gene sopasını çıkardı, ucunu sivriltti. Böyle sağlam, güvenilir bir silahı olduğu için seviniyordu. O gece eşkıyalar soygundan döndüler, şarap içmeye başladılar. Şişeleri art arda deviriyorlardı, sonunda başları masaya düştü. O zaman Hans sopasını eline alıp reisin karşısına geçerek gene, "Babam kimdir?" diye sordu. Reis de yanıt olarak gene bir şamar attığı gibi onu masanın altına yuvarladı. Ancak bu kez Hans ayağa kalkınca sopasıyla reisin ve eşkıyaların üzerine yürüdü, onlara vurmaya başladı. Bu arada annesi bir kenarda durmuş, oğlunun yiğitliğini ve gücünü şaşkınlıklar içinde seyrediyordu. Hans reisle adamlarını yere serdikten sonra annesinin yanına gelerek, "Anneciğim, görüyorsun ya benim şakam yok," dedi. "İyisi mi babamın kim olduğunu bana hemen söyle."

Annesi de, "Canım Hans, hadi hemen buradan gidelim de babanı arayıp bulalım," diye karşılık verdi.

Böyle diyerek dış kapının anahtarını reisin kemerinden çıkarıp aldı. Hans da kocaman bir un çuvalı getirerek içini altın, gümüş ve değerli taşlarla doldurup sırtına aldı. Hemen mağaradan ayrıldılar. İçerisinin loşluğundan çıkıp da o yemyeşil ağaçları, renk renk çiçekleri, mavi gökte parıldayan o şahane güneşi gördüğü zaman Hans'ın ağzı bir karış açık kaldı! Çocuk durdu, aval aval dört bir yanına bakmaya başladı. Sonra annesinin peşine düştü. Evlerinin yolunu arayıp buldular, iki saat yürüdükten sonra nihayet o ıssız vadiye ve vadideki eve ulaştılar.

Hans'ın babası kapı eşiğinde oturmaktaydı. Karısını tanıyınca, hele yanındaki yağız delikanlının kendi oğlu olduğunu öğrenince sevinç gözyaşlarına boğuldu, çünkü onların çoktan ölmüş olduklarını sanıyordu. Hem de Hans ancak on iki yaşında olmasına karşın daha şimdiden babasından daha uzun boyluydu! Hep birlikte eve girdiler. Hans sırtındaki çuvalı ocağın köşesine bıraktı. Böyle yapar yapmaz ev çatırdamaya başlamaz mı? Az sonra çuvalın durduğu yer yarılarak çöktü ve çuval mahzene düştü.

Baba, "Tanrı bizi korusun!" diye bağırdı. "Bu ne böyle? Evimiz başımıza yıkıldı!"

Hans, "Sevgili babacığım, sakın bunu kendine dert etme," dedi. "O çuvalın içindekilerle kendimize on tane yeni ev yaparız."

Böylece baba-oğul kendilerine yeni bir ev yapmaya giriştiler. Yeni inekler, öküzler, tarlalar satın aldılar. Tarlaları Hans sürüyordu. Kollarını sıvayıp sabanı toprağa öyle bir saplıyordu ki öküzlerin çekmesine bile gerek kalmıyordu adeta!

Ertesi bahar Hans babasının karşısına çıkarak, "Sevgili babacığım," dedi. "Bana biraz para verir misin? Kendime kalın bir asa yapıp yâd ellerde geziye çıkmak istiyorum." Nitekim asası hazır olunca Hans baba evinden ayrıldı, yollara düştü. Gel zaman, git zaman büyük, sık bir ormana ulaştı.

Bir süre sonra ağaçların arasında müthiş çatırtılar, patırtılar duyarak o yönde ilerledi ve ulu bir çam ağacının ip gibi bükülmüş durduğunu gördü. İrikıyım bir adam koca ağacı tutmuş, bir saz parçasını büker gibi büküp duruyordu.

Hans, "Hey, ahbap!" diye seslendi. "Ne yapıyorsun sen orada?" Öbürü, "İki çam kökledim, büküp urgan yapacağım," diye yanıtladı. Hans içinden, "Amma da güçlü herif!" diye geçirdi. "Dost olayım onunla, işime yarar." Sonra yüksek sesle, "Boş ver şimdi urganı da benimle gel," dedi. Adam da onu dinleyip yanına geldi. Gerçi bizim Hans hiç de ufak tefek sayılmazdı ya, bu adam ona bir baş tepeden bakıyordu. Hans, "Senin adın Çam Buran olsun," dedi.

Birlikte yola koyuldular. Az gittiler, uz gittiler, bir süre sonra çekiç vuruşu gibi bir patırtı duydular.

Vuruşlar öyle sertti ki her seferinde sanki yer gök in-liyordu. Nihayet yolcularımız yalçın bir kayanın önü-ne geldiler. Burada bir dev durmuş yumruğuyla ka-yaya vuruyor, vurdukça kayadan koca koca parçalar düşüyordu. Hans ona ne yaptığını sorunca dev, "Gece yatıp uyumak istediğimde ayılar, kurtlar, her türlü hayvan gelip beni rahatsız ediyor," diye karşılık verdi. "Ben de artık kendime bir ev yapmak istiyorum."

Hans içinden, "Vay canına! Bu adam da işimize yarayabilir!" diye geçirdi. Yüksek sesle, "Sen ev mev yapmayı boş ver de bizimle gel," dedi. "Sana Kaya Kıran deriz."

Dev buna razı oldu, böylece üçü birlikte orma-nın içine daldılar. Karşılarına çıkan yaban hayvanları korkup kaçıyorlardı. Akşamüzeri eski, terk edilmiş bir kaleye geldiler, içeri girip güzel bir uyku çektiler. Er-tesi sabah Hans bahçeye çıktı. Burası dikenler, otlar, sarmaşıklar içinde, vahşi bir yerdi. Birden çalıların arasından bir yabandomuzu fırlayarak saldırdı; ama Hans elindeki asayla öyle bir vurdu ki onu cansız yere serdi. Domuzu alıp kaleye götürdü, şişe geçirip ateşte bir güzel çevirerek ağızlarına layık bir yemek hazırladı. Karınlarını tıka basa doyurduktan sonra üç ahbap karar aldılar: Her gün içlerinden ikisi ava çı-kacak, üçüncüsüyse evde kalıp onların getirdiği etleri pişirecekti. Ertesi gün Çam Buran evde kaldı, Hans'la Kaya Kıran ava çıktılar.

Tam o sırada kale kapısına ufak tefek, bumburuşuk bir ihtiyar gelerek Çam Buran'dan biraz et istedi. Çam Buran, "Defol buradan, dilenci!" dedi. "Et senin neyine?" Ama bunu duyan o beberuhi ihtiyar birden saldırıp onu yumruklayarak yere yıkmaz mı? Bu saldırıya karşı kendini savunamayan Çam Buran soluğu kesilerek yerde yattı kaldı! İhtiyar da onu bir süre daha iyice patakladıktan sonra çekip gitti. İki arkadaşı eve döndüklerinde Çam Buran bu olaydan söz etmedi, çünkü onların da evde kaldıkları zaman o garip ihtiyarın dayağını tatmalarını istiyor, bunu düşündükçe keyifleniyordu.

Ertesi gün evde kalma sırası Kaya Kıran'daydı. Onun başına da aynen Çam Buran'ın başına gelenler geldi. İhtiyara et vermek istemeyen Kaya Kıran bir temiz dayak yedi. Akşamleyin eve dönünce Çam Buran durumu bir bakışta anladı ya, ne o ne de Kaya Kıran hiçbir şey söylemediler, çünkü Hans'ın da bu tuhaf durumdan payını almasını istiyorlardı.

Ertesi gün evde kalma sırası kendine gelen Hans mutfakta canla başla çalıştı. Tam çaydanlığı parlatacağı sırada kapıya ufak tefek, bumburuşuk bir ihtiyar gelerek bir parça et istedi. Hans içinden, "Zavallı yoksul dedecik!" diye düşündü. "Ona kendi etimden bir parça vereyim; ötekilerin payına ilişmemiş olurum." Böyle düşünerek bücür ihtiyara bir parça et verdi. İhtiyar bunu hemen yalayıp yutarak bir parça

daha istedi. İyi yürekli Hans bir parça daha et uzatarak, "En güzel, en löp parçayı sana verdim, karnın doymuş olmalı," dedi. Gelgelelim bizim beberuhi bir parça daha et istemez mi? Hans tepesi atarak "Utan, utan!" dedi ona, başka et vermedi. Bunun üzerine ihtiyar onun üzerine de saldırmaya kalkıştı; ama Hans daha atik davranarak iki şamar yapıştırdığı gibi onu kale merdiveninden aşağı yuvarladı. Cüce ihtiyar da tabanları yağlayıp kaçtı.

Hans onun peşinden ormana daldı ve kayalıklar arasındaki bir kovuğa girdiğini gördü. Bu yeri iyice belleyerek kaleye döndü. İki arkadaşı avdan dönüp de onu karşılarında neşeli, sağ sağlıklı görünce şaşırdılar. Delikanlı onlara başından geçenleri olduğu gibi anlattı, onlar da kendi deneyimlerini ona anlattılar. Hans, "Oh olsun size!" diye güldü. "O bücüre bir parça et vermekten bir şey çıkmazdı. Diğer yandan sizin gibi çam yarması heriflerin o bastıbacaktan dayak yemeleri de komik doğrusu!"

Hans'la arkadaşları karınlarını doyurduktan sonra yanlarına bir sepetle uzun bir urgan alarak ormana daldılar, cücenin saklandığı kaya kovuğuna geldiler. Orada Hans'ı sepete koyup urganla aşağı sarkıttılar. Hans'ın sopası da elindeydi. Genç çocuk dibe varınca karşısına bir kapı çıktı. Hans bu kapıyı açınca dünya güzeli bir kız gördü. Kızın yanında da o hınzır, bücür ihtiyar oturmuş, ağzı kulaklarına vararak sırıtıyordu.

Güzel kız ise zincire vurulmuştu, gözlerinde de öyle acıklı bir bakış vardı ki Hans içi burkularak, "Seni bu hain yaratığın elinden kurtarmak gerek," diye düşündü. Hemen cüceye asasıyla vurdu, bücür herif oracıkta cansız yere serildi.

Aynı anda genç kızı bağlayan zincirler de çözülüp yere düştü. Güzelliğiyle Hans'ı adeta büyülemiş olan kız ona aslında bir prenses olduğunu, evlenmek istemediğini, hain bir kont tarafından kaçırılıp bu mağaraya kapatıldığını anlattı. İhtiyar cüce de başına bekçi olarak dikilmişti.

Hans şimdi kızı sepete koyup yukarı yolladı. Ama sepet ikinci kez aşağı sarkınca binmeyi göze alamadı. Yukarıdaki arkadaşlarına güvenemiyordu, çünkü ona cüceden hiç söz etmemekle onlar içten pazarlıklı olduklarını göstermişlerdi. Bu yüzden Hans sepete kendi bineceği yerde asasını koydu. İyi ki de öyle yapmış! Çünkü sepet yarı yola yükseldiğinde yukarıki kafadarlar ipin ucunu bırakıvermezler mi? Sepete binmiş olsaydı Hans'ın öbür dünyaya boylayacağı kesindi!

Hans şimdi mağaradan yukarı nasıl çıkacağını bilemeyerek kara kara düşünmeye başlamıştı; ama bir türlü çıkar yol bulamıyordu. Mağarada bir aşağı bir yukarı dolaşırken birden cücenin parmağındaki bir yüzük gözüne çarptı. Hans bu güzel, parlak şeyi

çıkarıp kendi parmağına taktı. Takmasıyla havada bir hışırtı duyması bir oldu ve başını kaldırınca tepede uçuşan iki peri gördü. Periler, "Sen bizim efendimizsin, dile bizden ne dilersen!" dediler.

Hans önce şaşkınlıktan dilini yutar gibi olduysa da hemen kendini toplayarak yeryüzüne çıkmak istediğini söyledi. Söylemesiyle kendini ormanda bulması bir oldu. Gelgelelim görünürlerde kimsecikler yoktu. Çam Buran'la Kaya Kıran güzel prensesi alıp kaçmışlardı. Hans hemen tılsımlı yüzüğü burarak perilerini çağırdı ve onlardan hain dostlarının denize açılmış olduklarını öğrendi. Bunun üzerine var gücüyle kıyıya koştu, güzel prensesle iki hainin bindikleri gemiyi ufukta gördü. Öyle bir sabırsızlığa kapıldı ki hemen suya atlayıp yüzmeye koyuldu. Ama elindeki asanın ağırlığı onu dibe çekmeye başladı. Hans tam sulara gömülmek üzereyken aklına tılsımlı yüzüğü geldi. Hemen çağırdığı periler de onu şimşek hızıyla gemiye götürüp güverteye bıraktılar.

Hans iki haini asasıyla bir temiz dövdükten sonra denize attı. Sonra gemiyi güzel prensesin ülkesine yöneltti. Prensesin annesiyle babası kızlarını sağ salim karşılarında görünce çok sevindiler. Çok geçmeden Hans güzel prensesle evlendi ve düğünleri büyük bir coşku ve mutlulukla kutlandı.

ÇİVİ

Tüccarın biri o gün panayırda iyi iş yapmıştı. Mallarının tümünü satmış, kesesini altın ve gümüşle doldurmuştu. Şimdi de gün batmadan önce evine varabilmek için yola çıkmaya hazırlanıyordu. Para kesesini heybeye koyup heybeyi de atının sırtına koydu, yola çıktı. Öğle yemeğini küçük bir kasabada yedi. Yeniden yola çıkacağı zaman atını getiren seyis yamağı, "Efendim, atınızın sol arka nalında bir çivi eksik," dedi.

"Olsun varsın," dedi tüccar. "Şimdi acelem var. Altı saat yol gideceğim; nal o zamana kadar herhalde idare eder."

Akşamüzeri gene mola vererek atının karnını doyurdu. Bu handaki yamak çocuk da ona nallardan birinin çivisinin düşmüş olduğunu söyledi, atını bir nalbanta götürüp götürmeyeceğini sordu.

"Yok, yok, istemez," dedi tüccar. "Şunun şurasında iki saatlik yolum kaldı, nal herhalde o zamana kadar dayanır. Şimdi acelem var."

Böyle diyerek yola çıktı. Ancak, biraz sonra atı topallamaya başladı. Topallarken tökezledi, yere düşüp bacağını kırdı. Tüccar da onu orada bırakıp heybeyi kendisi sırtlayarak evine kadar yürümek zorunda kaldı. Gece yarısı evine vardığı zaman içinden, "Bütün bu zahmetler, terslikler tek bir çivinin eksikliği yüzünden!" diye söylendi. "Acelesi çok olanın hızı az olurmuş!"

Bilmeceli öykü

Evvel zaman içinde bir büyücü, üç genç kadını çiçeğe dönüştürmüş, bir tarlaya götürüp bırakmıştı. Yalnızca içlerinden bir tanesinin geceleri evine dönmesine izin veriyordu. Bir gece sabaha karşı gün ağarırken bu genç kadın kocasına, "Ben şimdi gene tarlaya gidip çiçeğe dönüşeceğim," dedi. "Sen bu öğleyin gel, beni kopar. O zaman büyü bozulur, ben de temelli senin yanında kalırım."

Gerçekten de her şey kadının dediği gibi oldu. Şimdi burada sorulması gereken soru şu: Genç adam tarlaya gidince karısını nasıl tanıyabilmişti? Çünkü bütün çiçekler birbirine benziyordu. Bu sorunun yanıtı da şu: Öbür iki çiçeğin üzerinde geceleyin düşmüş olan çiy taneleri duruyordu. Oysa üçüncü çiçeğin üzerinde, geceyi kadın olarak evinin içinde, kocasının yanında geçirmiş olduğu için çiy yoktu. Genç adam karısını işte bu sayede tanıyabilmişti.

Değirmenin su perisi

Bir zamanlar bir değirmenci vardı, karısıyla birlikte mutlu bir ömür sürüyordu. Çünkü sağlığı yerindeydi, varlıklıydı, işleri de her yıl daha iyiye gidiyordu. Ancak, talihe güven olmaz, dönüverir! Değirmenciyle karısının da bir süre sonra işleri ters gitmeye, servetleri erimeye başladı; sonunda varlık olarak ellerinde yalnızca değirmenleri kaldı. Şimdi artık zavallı değirmencinin tasası bitmiyordu. Bütün gün çalışıp yorulduktan sonra yattığı zaman da dinlenemiyor, kafasının içinde sıkıntılı düşünceler birbirini kovalıyordu.

Bir sabah gene gün doğmadan kalkmış, yüreğindeki yükü hafifletebilmek umuduyla açık havaya çıkmıştı. Değirmen gölünün yanından geçerken günün ilk ışığı sulara vurdu ve değirmencinin kulağına hafif bir şıpırtı geldi. Dönüp baktığı zaman bir de ne görsün? Suların içinden ağır ağır bir kız çıkmaktaydı.

İnce parmaklı beyaz elleriyle düzelttiği o upuzun saçları, kızın güzel yüzünü çerçevelemiş, göğsünü ve omuzlarını örtmüştü. Değirmenci bunun değirmen gölünün superisi olduğunu anladı. Öyle korktu ki kaçsın mı, kalsın mı bilemedi. O böyle bocalarken superisi tatlı sesle onun adını fısıldayarak neden bu kadar üzgün olduğunu sordu. Değirmenci önce dilini yutmuş gibi oldu; ama peri kızı öyle tatlı konuşuyordu ki sonunda o da konuşmaya başlayarak bir zamanlar ne kadar varlıklı olduğunu, rahat yaşadığını; ama şimdilerde çok yoksul düştüğü için ne yapacağını bilemediğini anlattı.

Superisi onu dinledikten sonra, "Tasalanma artık," dedi. "Ben seni eskisinden de varlıklı, daha mutlu yapabilirim. Ancak bir şartım var, senden söz istiyorum: Şu sırada evinde ne dünyaya gelmişse onu bana vereceksin."

Değirmenci içinden, "Bu da olsa olsa bir kedi ya da köpek yavrusudur," diye düşünerek perinin istedi-

ği sözü verdi. Bunun üzerine peri suyun dibine daldı, değirmenci de neşesi yerine gelmiş olarak evine döndü. Daha o kapıya varmadan hizmetçi kız koşarak geldi, karısının biraz önce nur topu gibi bir oğlan çocuk doğurmuş olduğunu müjdeledi. Değirmenci bunu duyunca yıldırım çarpmış gibi sarsıldı, çünkü kurnaz superisinin bu doğumu bildiği için onu oyuna getirmiş olduğunu anlamıştı. Zavallıcık, başı önüne eğik olarak karısının yanına girdi. Karısı, "Neden sevinip beni kutlamıyorsun?" diye sorduğu zaman da ona her şeyi anlattı. "Çocuğumu kaybedersem servet, konfor benim ne işime yarar?" diye inledi. "Ama elimden ne gelir bu durumda?"

Doğumu kutlamaya gelen dostlar da ona bu konuda bir akıl veremediler.

Bu arada sahiden de şansları dönmüştü, değirmencinin tuttuğu altın oluyordu sanki; sandıklar, kasalar kendi kendine parayla doluyor sanırdınız! Öyle ki çok geçmeden değirmenciyle karısı eskisinden daha zengin olup çıktılar. Gelgelelim zavallı değirmenci bu bolluğun tadını çıkaramıyordu, çünkü aklı fikri hep o superisine vermiş olduğu sözdeydi. Ne zaman değirmen gölünün yanından geçse peri kızı suyun içinden çıkıp, "Sözünü tut bakalım!" deyiverecek diye ödü kopuyordu. Oğlunun su kıyısında oynamasını yasaklamıştı. Onu, "Sonra suyun içinden bir el uzanıp seni dibe çeker," diye korkutuyordu. Ama aradan yıllar geçtiği halde superisi bir daha ortaya çıkmayınca değirmenci biraz rahatlamaya başladı.

Çocuksa büyüyüp serpilerek güzel bir delikanlı olmuştu. Onu, avcılık sanatını öğrensin diye bir avcının yanına çırak verdiler. Delikanlı bu meslekte pişerek usta bir avcı olunca köyün ağası onu kendi yanına aldı. Efendim, bu köyde yaşayan iyi yürekli, temiz ahlaklı, güzel bir kız vardı. Bu kız bizim genç avcıya gönül vermişti. Ağa bunu görünce onlara küçük bir ev armağan etti, böylece iki sevgili evlendiler ve sevgiyle, mutlulukla dolu bir yaşam sürmeye başladılar.

Günlerden bir gün, genç avcı bir erkek geyiğin peşine düştü. Hayvan ormandan kaçıp tarlalara çıkınca genç avcı onu tüfeğinin tek bir kurşunuyla yere serdi. Ancak, bu arada o uğursuz gölün kıyısına geldiğinin farkına varmamıştı. Avının derisini yüzdükten sonra ellerindeki kanı yıkamak için suya yürüdü. Eli suya değer değmez superisi yüzeye çıktı, gülümseyerek o çıplak kollarıyla genç adamı kucakladı ve öyle çarçabuk dibe çekti ki gölün suları dalgalanmadı bile!

Saatler geçti. Akşam olup gece indiği halde avcı eve dönmeyince karısı kaygılanmaya başladı. Sonunda onu aramaya çıktı. Değirmen gölü ve superisi konusunu bildiği için kocasının başına gelmiş olanları az çok tahmin ediyordu. Bu yüzden hemen göle koştu, kocasının tüfeğini kıyıda görür görmez de durumu anladı. Dehşet ve üzüntü içinde ellerini ovuşturarak

sevgili eşini çağırmaya başladı ama boşuna! Zavallı genç kadın gölün çevresini deli gibi dört dönüyor, superisine kâh dil döküp yalvarıyor, kâh lanet okuyordu; ama karşılık veren yoktu. Suyun yüzü ayna gibi dümdüzdü ve ufuktaki yeni ayın ışığı gölün üzerinde parıltılı bir yol gibi uzanıyordu.

Kadıncağız o gece gölün başından hiç ayrılmadı. Durmadan suyun çevresinde dolanarak ağlıyor, inliyor, gözyaşlarına boğuluyordu. Sonunda bitkin düştü, yere yığılarak uyuyakaldı. Uykusunda tuhaf bir rüya gördü.

Bu rüyada genç kadın bitkin ve üzgün durumda, sarp kayalıklar arasından yukarı doğru tırmanmaktaydı. Dikenler, ısırganlar ayaklarına batıyor, rüzgâr yüzüne çarpıyor, o uzun saçlarını dağıtıyordu. Ama tepeye varır varmaz manzara tamamen değişti: Şimdi gökyüzü masmavi, hava ılık, çepeçevre her yer binbir çiçek ile yemyeşil çimenlerle kaplıydı. Bu kadife gibi kırların orta yerinde de zarif yapılı, güzel bir ev duruyordu. Genç kadın gidip kapıyı açarak bu evin içine girdi, içeride oturan ak saçlı bir ihtiyar el ederek onu çağırdı.

Tam o sırada kadıncağız uyandı. Güneş doğmak üzereydi. Genç kadın rüyasında gördüğü yolu izlemeye karar verdi. Yakınlarda kayalık bir tepe vardı. Genç kadın tıpkı rüyasındaki gibi bin güçlükle bu tepeyi tırmandı ve o zaman çimenlerin ortasındaki evi gördü. Evin içinde sahiden de ak saçlı bir nine vardı. Bu yaşlı kadın kapısına gelen konuğu güler yüzle karşıladı, otursun diye ona bir yer gösterdi.

"Kızım," dedi, "bu ücra yerde benim evimi arayıp bulduğuna göre başına bir felaket gelmiş olmalı." Genç kadın da gözlerinden yaşlar akarak ona olup biteni anlattı. İhtiyar kadın, "Gözlerini sil artık," dedi. "Ben sana yardım edeceğim. Al, işte sana bir altın tarak. Dolunayı bekle, sonra git, değirmen gölünün kıyısına otur, şu uzun, siyah saçlarını bu tarakla tara. Sonra da kıyıya uzan yat, bakalım ne olacak."

Genç kadın tarağı alıp evine döndü. Günler, geceler geçmek bilmiyordu. Sonunda, dolunayın ışıklı yüzü ufukta gülümseyince genç kadın göl kıyısına indi, suyun dibine oturarak uzun siyah saçlarını altın tarakla uzun uzun taradı. Sonra yere uzanıp bekledi.

Az sonra gölün suları köpürmeye başlamaz mı? Kıyıya vuran bir dalga altın tarağı alıp götürdü. Aradan birkaç dakika geçti. Sonra sular kıpırdadı ve birden genç avcının başı gözüktü. Genç adam hiç konuşmadan, üzgün bakışlarla karısına bakıyordu. Derken kıyıya vuran ikinci bir dalga onun başını örttü. Biraz sonra sular gene, dolunayın ışığında parıldayan bir ayna durgunluğuna büründü.

Genç kadın üzgün üzgün evine dönüp yatağına yattı ve rüyasında gene o ak saçlı nineyi gördü. Bunun üzerine ertesi gün gene sarp tepeyi tırmandı, derdini iyi yürekli ihtiyara açtı. Kadın bu kez ona altın bir kaval verdi, gene dolunaya kadar bekleyerek göl kıyısında kavalla tatlı bir melodi çalmasını, sonra yere uzanıp beklemesini söyledi.

Genç kadın bu söylenenleri harfi harfine yerine getirdi. Dolunay ufukta görününce kavalı çaldı, kavalı elinden bıraktığı zaman da göl sularında bir köpürtü oldu ve kocasının bu kez başıyla birlikte yarı beline kadar gövdesi de göründü. Tam kollarını özlemle karısına doğru uzatmıştı ki bir dalga geldi ve genç adam görünmez oldu.

Kıyıdaki bahtsız kadın, "Eyvah, bu nasıl iştir!" diye inledi. "Kocamı görmemle kaybetmem bir oluyor!"

Ancak rüyasında gene ihtiyar kadını görünce bir üçüncü kez kayaların tepesine tırmandı. Nine bu kez ona altın bir çıkrık vererek, "Üzülme, daha her şey bitmiş değil," dedi. "Ayın yeniden dolmasını bekle, sonra gene her zamanki gibi değirmen gölünün kıyısına git, bir çıkrık dolusu yün iğir. Bunu bitirdiğin zaman da yere uzan, bekle bakalım ne olacak."

Genç kadın bu denilenlerin hepsini yerine getirdi. Dolunay ufukta görünür görünmez çıkrığını alıp yününü iğirdi. Çıkrığı elinden bırakır bırakmaz gölden kocaman bir dalga kopup gelerek çıkrığı alıp götürdü. Bir an sonra da sular yarıldı ve genç avcının bedeni bütünüyle ortaya çıktı. Avcı çevik bir hamleyle kıyıya atladı, karısının elinden tutarak koşmaya başladı. Ama daha birkaç adım anca gitmişlerdi ki arkalarında korkunç bir ses duydular: Gölün suyu kabararak taşmaya, çevresini sarmaya başlamıştı.

Genç karı-koca artık öleceklerini anladılar. O dakikanın umarsızlığı içinde kadın avazı çıktığı kadar bağırarak tepedeki nineyi imdada çağırdı. Göz açıp kapayana dek avcıyla karısı –biri yeşil öbürü kara– iki kurbağaya dönüştüler. O sırada ayakları dibine kadar ulaşan sel suları onları boğamadı, ama birbirinden ayırarak ta uzaklara sürükledi.

Sel çekilip de yeşil ve kara kurbağalar toprağa ayak basınca gene insan biçimlerine döndüler, ama birbirlerinin nerde olduğundan haberleri yoktu. İkisi de onların ülkelerine ilişkin hiçbir şey bilmeyen yabancı insanların arasına düşmüşlerdi. Onları yüce dağlar, derin vadiler birbirinden ayırıyordu. Hayatlarını koyun çobanlığı yaparak kazanmaya başladılar ve ayrılık acısıyla, özlemle dolu uzun yıllar geçirdiler.

Derken bir bahar mevsiminde, dalların ilk meyvelerini vermeye başladığı sırada, bir rastlantıyla ikisi de sürülerini aynı çayıra doğru güttüler. Genç adam uzak bir tepenin üzerinde bir sürü görünce o yöne ilerledi. Genç kadın da aşağıki vadide gördüğü sürüye doğru indi. Böylece vadide bir araya geldiler; ama önce birbirlerini tanımadılar. Gene de bir can yoldaşı buldukları için sevinmişlerdi. O günden sonra sürülerini birlikte gütmeye başladılar. Gerçi pek konuşmuyorlardı, gene de bir arada olmak içlerine bir huzur veriyordu.

Bir akşam, dolunayın ufuktan yükseldiği sırada genç adam kavalını çıkararak tatlı, hüzünlü bir melodi çalmaya başladı. Biraz sonra yanındaki kadının usul usul ağladığını görünce şaşırarak, "Ne oldu?" diye sordu.

Kadın, "Heyhat, bu kaval sesi aklıma neler getirmiyor ki!" diye içini çekti. "O gece de aynen böyle dolunay vardı. Kıyıda durup kavalımı çaldığımda sevgili eşim suların arasından gözükmüştü."

Genç adam karşısındaki kadına bakakaldı. Gözlerinden sanki bir bulut sıyrılmıştı, sevgili eşini tanıyabiliyordu artık. Aynı anda kadın da kocasını tanımıştı! Onların ne denli sevindiklerini, ömürlerinin sonuna kadar nasıl mutlu yaşadıklarını söylemeye gerek yok, sanırım.

Yer cücelerinin Armağanları

Bir terzi ile bir kuyumcu birlikte yolculuğa çık-
mışlardı. Bir akşam güneşin tepeler ardında battığı
sırada uzaktan tatlı bir müzik sesi duydular. Onlar
ilerledikçe müzik yaklaşır gibiydi. Değişik bir ezgiydi,
gene de öylesine büyüleyici ki iki yolcu yorgunlukla-
rını unutarak adımlarını sıklaştırdılar. Bu arada ay da
doğmuş, her yeri gündüz gibi aydınlatmıştı. İki yolcu
bir tepenin yamacında minicik kadın ve erkeklerden
oluşmuş bir kalabalık gördüler. Bu yer cüceleri el
ele tutuşmuş, son derece büyük bir neşe ve uyumla
dönerek dans ediyorlar, bir yandan da o tatlı, büyüle-
yici şarkıyı söylüyorlardı. Yolcuların uzaktan duymuş
oldukları müzik işte buydu. Dans halkasının orta
yerinde ötekilerden biraz daha uzun boylu olan bir
adam oturmaktaydı; sırtında rengârenk bir ceket var-
dı, sakalı da öyle uzundu ki beline geliyordu.

İki yolcu durdular, bu güzel dansı şaşkınlık ve hayranlıkla seyre daldılar. Derken ortadaki ihtiyar onlara, "Siz de dansa katılın," gibilerden el etmez mi? Öteki yer cüceleri de hemen bizim yolculara yer açtılar. Sırtında kamburu bulunan ve bütün kamburlar gibi ayağına hafif, çevik olan kuyumcu hemen ortaya atıldı. Daha utangaç olan terzi bir süre geride durdu; ama yer cücelerinin kıvrak dansıyla güzel şarkısı sonunda onun da kanını kaynattı, o da dansa katıldı. Şimdi minik adamlar daha da coşmuşlardı, daha hızlı sıçrayarak dönüyor, daha yüksek sesle şarkı söylüyorlardı.

Derken ortadaki ihtiyar, kuşağındaki geniş ağızlı bıçağı çıkardığı gibi biledi ve iki yabancıya yaklaştı. Bizimkiler korkmuşlardı; ama kaçmaya fırsat bulamadan ihtiyar onları yakaladığı gibi saçlarıyla sakallarını bir çırpıda kazıyıverdi! Yolcular korkudan, şaşkınlıktan dillerini yutmuşlardı, ancak ihtiyar onlara gözlerinin içi gülerek baktı ve "Aferin, bana karşı gelmediniz," demek istercesine omuzlarını sıvazladı. Sonra bir köşede yığılı duran bir küme kömürü gösterdi, işaret ederek onlara, kömürü ceplerine doldurmalarını söyledi. Gerçi yolcular kömürden ne yarar göreceklerini bilemiyorlardı; ama küçük adamın buyruğunu, ne olur ne olmaz, diye yerine getirdiler. Sonra da oradan ayrılarak o gece kalabilecekleri bir yer bulmaya gittiler. Tam vadiden çıkarlarken yakınlardaki bir kilisenin saati gece yarısını gösterdi ve o anda hem şarkı sesi kesildi hem de yer cücelerinin hepsi ortadan kayboldu. Kırlar bayırlar şimdi ay ışığının altında uzanıyordu.

İki yolcu sonunda bir samanlık buldular, samanlardan yatak yapıp yatarak paltolarını üzerlerine örttüler. Öyle yorgundular ki ceplerindeki kömürleri çıkarmayı unutmuşlardı. Üzerlerinde nedeni belirsiz bir ağırlık duyuyorlardı. Sabahleyin uyanıp da ceplerini boşaltmaya kalkınca bir de ne görsünler? Kömürler çil çil, ışıl ışıl altınlara dönüşmemiş mi? Geceleyin uykularının arasında saçlarıyla sakalları da uzamış, eski hallerini almışlardı.

Artık ikisi de zengindi, ancak kuyumcu terziden daha zengindi, çünkü açgözlülüğü yüzünden cebine onunkinin iki katı kömür doldurmuştu!

Efendime söyleyim, açgözlü insanların –adı üstünde– bir türlü gözleri doymaz; ellerine bir şey geçmeyegörsün, hemen daha çoğunu isterler. Bizim kuyumcu da, aynen böyle, iki-üç gün sonra terziye, "Hadi gene yer cücelerinin oraya gidip biraz daha altın alalım," dedi.

Terzi, "Benim altınlarım bana yeter," diye bu öneriyi geri çevirdi. "Zaten mesleğimin de eriyim. Sevdiğim kızla evlenip rahat, mutlu bir yaşam süreceğim."

Kuyumcu o akşam sırtına iki çuval alarak geçen akşamki tepenin yolunu tuttu. Oraya vardığında yer cüceleri gene el ele tutuşmuş, şarkı söyleyerek dans etmekteydiler. Başlarındaki ak sakallı ihtiyar onu görünce gülümsedi, yanına çağırdı ve her şey gene geçen geceki gibi olup bitti. Kuyumcu getirdiği çuvalların ikisine de cücenin gösterdiği yığından kömür doldurdu. Sonra evine döndü, bunları üzerine örtüp uykuya yattı. "Kömürler pek ağır, ama nasılsa altın olacakları için sabırla bekleyeceğim," diye düşünüyordu. Ertesi sabah karunlar kadar zengin bir adam olarak uyanacağı inancıyla uykuya daldı.

Ama ertesi sabah uyandığı zaman bir de ne görsün? Kömürler hâlâ kömür olarak durmuyor mu? Açgözlü adam, "Neyse, hiç değilse geçen geceden kalma altınlarım var," diye kendi kendini avuttu. Ancak, gidip baktığında o altınların da yeniden kömüre dönüşmüş olduklarını gördü. Kapıldığı hıncı ve öfkeyi siz gözünüzde canlandırın! Hem hepsi bu kadar olsa gene iyi! Kuyumcu o kömür tozuna bulanmış ellerini başına götürdüğü zaman saçıyla sakalının da yerinde yeller estiğini gördü. Ama aksiliklerin sonu henüz gelmemişti. Çünkü geceleyin göğsünde de tıpkı sırtındaki gibi bir kamburun çıkmış olduğunu şimdi görebiliyordu! Bunu görünce kuyumcu acı acı ağlamaya başladı, çünkü bütün bu felaketlerin açgözlülüğüne bir ceza olarak başına geldiğini artık anlamıştı.

Tokgözlü, iyi yürekli terziyse uyanıp da durumu görünce yol arkadaşını avutmaya çalıştı. "Mademki dostuz, ben servetimi seninle paylaşacağım," dedi.

Sözünde de durdu. Ne var ki zavallı kuyumcu bedenindeki iki kamburu ömür boyu taşımak ve kel kafasına hep peruk geçirmek zorunda kaldı!

Dere Başındaki Çoban Kızı

Bir zamanlar çok ama çok ihtiyar bir kadın vardı. Kaz sürüsüyle birlikte ücra bir vadide oturuyordu. Bu vadi dört bir yanından sık bir ormanla çevriliydi. İhtiyar kadın her sabah bu ormana dalar, kaz sürüsü için ot, kendisi içini yaban yemişleri toplayıp çuvalına koyar, çuvalı sırtlayıp evine dönerdi. Bu kadar ihtiyar bir kadının böylesine ağır bir yükü taşıyamayacağını zannedersiniz; ama o her seferinde evine bir şekilde ulaşmayı başarırdı. Yolda karşılaştıklarını da dostça selamlar, "İyi günler, hemşerim, bugün hava ne güzel değil mi?" diye seslenirdi. "Evet, yüküm ağır; ama ne yapalım, hepimiz kaderimize razı olmalıyız!"

Ancak çevrede yaşayanlar zamanla ondan korkmaya, uzaktan onu görünce karşılaşmamak için yollarını değiştirmeye başladılar. Babalar çocuklarını, "Aman ha, o acuzeden uzak durun," diye uyarıyorlardı. "Dikkatli olun, çünkü o bir cadıdır."

Derken bir sabah ormandan neşeli, hayat dolu bir genç geçti. Hava da pek güzeldi: Güneş parlıyor, kuşlar şakıyor, ağaç dallarını hışırdatan tatlı rüzgâr insanın sanki büsbütün içini açıyordu. Ortalık tenhaydı. Genç adam karşıdan ihtiyar kadını gördü. Kadın yere çömelmiş, elindeki orakla ot biçmekteydi. Yanında da böğürtlen ve elma dolu iki sepet duruyordu.

Genç adam, "Ah, nineciğim, sen bütün bunları nasıl taşıyacaksın?" diye sordu. Kadın, "Taşımak zorundayım, sayın bayım," diye yanıtladı. "Gerçi zengin beyzadeler böyle işlerle uğraşmazlar; ama sen bana yardım eder misin? Sırtın sağlam, bacakların, maşallah güçlü; bunları taşımak işten bile değil senin için. Evim de buraya yakın sayılır. Şu tepenin ardındaki açıklıkta. Sen oraya hop diye gidersin."

Genç adam bu yaşlı nineye acımıştı. "Elbet sana yardım ederim, nineciğim," dedi. "Gerçi babam zengin bir konttur; ama yük taşımasını bilenin yalnızca köylüler olmadığını göreceksin. Bu ot çuvalını ben taşıyacağım."

Kadın, "Bunu yaparsan sana dua ederim," dedi. "Ama şu sepetleri de taşıyacaksın. Şunun şurası bir saatlik yol; genç olduğun için sana daha bile kısa gelecektir."

Bir saatlik yolu duyunca genç adamın biraz keyfi kaçmıştı; ama şimdi de ihtiyar kadın onu bırakmıyordu. Ot çuvalını onun sırtına, elma ve böğürtlen sepetlerini de kollarına astı. "Bak, ne hafif bunlar!" deyip duruyordu.

Genç kont yüzünü buruşturarak, "Hiç de hafif değil!" diye karşılık verdi. "Sırtımda ot değil, taş taşıyorum sanki. Sepettekiler de kurşun gibi ağır, soluk almakta güçlük çekiyorum." Böyle diyerek yükleri yere bırakmaya yeltendiyse de kadın buna fırsat vermedi.

"Bak hele!" dedi alay ederek, "Benim gibi yaşlı bir kadının her gün taşıdığı bir yükü kibar beyimiz kaldıramıyor. Siz saraylılar güzel laf etmeyi pek bilirsiniz; ama iş çalışmaya gelince özür dileyip kaytarmakta da birincisinizdir. Neden titreyip duruyorsun öyle? Hadi, hadi, kıpırda, biraz! Yüklendiğin yükü gene sen taşıyacaksın."

Böylece yola koyuldular. Efendim, genç kont düz yolda ilerlemeyi az çok becerdi; ama iş yokuş tırmanmaya gelince ve ayağının altındaki taşlar canlıymış gibi sıçrayarak kaymaya başlayınca gücü de kesilmeye başladı. Yüzünden, sırtından aşağı terler süzülüyordu. Genç adam sonunda, "Nineciğim, artık gidemeyeceğim, biraz dinleneyim," diye inledi. Kadınsa, "Burada olmaz, burada olmaz," diye onu tersledi. "Eve varınca dinlenirsin; ama şimdi hızımızı kesmek olmaz. İnan bana, bu yürüyüş sana çok iyi gelecek."

Genç adam, "Senin hiç utanman yok, kocakarı!" diye bağırarak sırtındaki yükü atmaya yeltendi; ama

boşuna! Çuval sanki üzerine yapışmıştı. Genç adam kıvrılıp bükülerek kendini kurtarmaya çalıştıkça ihtiyar kadın ona gülüyor, çevresinde hoplayıp zıplayarak keyifle dönüyordu. "Boşuna sinirlenme beyzadem," dedi sonunda. "Bak, yüzün horoz ibiği gibi kıpkırmızı kesildi. Yükünü sabırla taşı. Eve vardığımızda buz gibi soğuk su veririm sana, bir güzel serinlersin."

Genç kontun elinden ne gelirdi? Çaresiz, kaderine boyun eğerek ihtiyar kadının peşinden gidecekti. Kendi yükü giderek ağırlaşırken kocakarı çevikleşiyordu sanki! Birden, kedi gibi bir sıçrayışta gencin sırtındaki çuvalın üstüne çıkıp oturmaz mı? Uzaktan bakınca kara kuru, kuş gibi hafif görünmesine karşın gence taş gibi ağır geldi. Genç adamın dizleri titremeye, bükülmeye başlamıştı artık. Ama durmaya kalksa kadın onu değneğiyle dürtüyordu. Böylece yol alarak sonunda tepeye tırmandılar, oradan vadiye inerek kocakarının evine vardılar.

Kazlar ihtiyarı görür görmez boyunlarını uzatıp, "Gak, gak," diye bağrışarak koşup geldiler. Sürünün ardından da boylu boslu; ama çirkin mi çirkin, orta yaşlı bir kadın gelmekteydi. İhtiyara yaklaşarak, "Anneciğim," dedi. "Başına bir şey mi geldi ki ormanda bu kadar oyalandın?"

İhtiyar, "Hayır, sevgili kızım, başıma hiçbir kötülük gelmedi," diye yanıtladı. "Tersine, şu gördüğün genç kont benim yüklerimi taşıyıverdi, hatta yorulduğum zaman beni de sırtına alıp taşıdı, eksik olmasın. Bu sayede yol bize hiç uzun gelmedi, çünkü yürürken bir yandan da söyleşip şakalaştık." Böyle diyerek kadın genç adamın sırtındaki çuvalla kollarındaki sepetleri aldı. Şen şakrak bir sesle, "Gel, oğlum, şu kapı önündeki sıraya otur da dinlen," dedi. "Bir ödülü gerçekten hak ettin. Bunun göz ardı edilmeyeceğini bil."

Sonra kızına dönerek, "Kızanım," diye ekledi. "Sen içeri gir. Bu genç adamla yalnız kalman doğru olmaz. Ateşle barutu bir arada bırakmamak gerek! Neme lazım, sonra çocukcağız sana âşık falan olur!"

Bunu duyan genç kont gülsün mü, ağlasın mı bilemedi. Orta yaşlı, çirkin kaz çobanının arkasından bakarak içinden, "Ne de bulunmaz hint kumaşı ya!" diye geçirdi. "Otuz yaş bile daha genç olsa ona âşık olmam!"

Bu arada kazlarını çocuklarıymış gibi okşayan, onlarla konuşan ihtiyar kadın kızını alarak içeri girdi. Genç kont da elma ağacının altındaki sıraya uzandı. Tatlı bir rüzgâr dalları hışırdatıyordu, evin etrafı da zümrüt gibi bir çayırla çevriliydi. Burada açmış olan binbir çeşit çiçeğin arasından akan ve güneşin altında şıkırdayan billur derenin sularında bembeyaz kazlar yüzmekteydi. Genç adam, "Burası pek güzel bir yer, doğrusu," diye düşündü. "Ama öyle yorgunum ki gözlerim kapanıyor, bir yel esse şu zavallı bitkin bacaklarımı gövdemden koparıp götürecekmiş gibi geliyor. Bari biraz kestireyim de kendime geleyim..."

Bir süre sonra ihtiyar kadın geldi, omzunu sarsarak onu uyandırdı. "Kalk, kalk, burada kalamazsın!" dedi. "Evet, gerçi sana pek iyi davranmadım; ama senin de bir yerin eksilmiş değil. Şimdi sana ödülünü vereceğim. Ne para ne de mal mülk, hepsinden değerli bir şey!" Böyle diyerek gencin eline tek bir zümrütten yontulmuş küçük bir kitap tutuşturdu. "Bunu iyi sakla, sana uğur getirecek," diye ekledi.

Genç kont yattığı yerden kalktı. Kendini dinlenmiş ve zinde hissediyordu. Böylece ihtiyar kadına armağanı için teşekkür ettikten sonra bir kez bile arkasına bakmadan yola koyuldu. Epey yol aldıktan sonra bile uzaktan uzağa hâlâ kazların sesleri kulağına geliyordu.

Zavallı genç, ancak üç gün ağaçlar arasında dolaştıktan sonra ormandan çıkabildi. O zaman da kendini yabancı bir kentte buldu. Onu alıp kralla kraliçenin huzuruna çıkardılar. Genç kont hemen kraliçenin önünde diz çöktü ve zümrüt kitabı onun ayaklarının dibine bıraktı.

Kraliçe, "Ayağa kalkın ve o kitabı bana uzatın," diye buyurdu. Gelgelelim kitabı alıp da içine bakmasıyla cansız gibi baygın, yere yığılması bir oldu. Bunu gören kral genç kontu muhafızlarına tutuklattı. Hemen zindana attıracaktı; ama, kraliçe o anda gözlerini açarak gencin serbest bırakılmasını istedi; onunla yalnız konuşması gerekiyordu, herkes dışarı çıkmalıydı...

Kraliçe bizim kontla yalnız kalır kalmaz hıçkırarak ağlamaya başladı ve şunları anlattı:

"Beni saran bu şatafatın, saltanatın ne yararı var! Ben her sabah gözlerimi yas ve kederle açıyorum. Bir zamanlar benim üç kızım vardı. En küçüğü öyle güzeldi ki adı dillerde gezerdi. Teni kar gibi beyaz, yanakları elma gibi kırmızı, saçlarıysa güneşin ışınları gibi parlaktı. Ağlasa gözyaşları incilere benzerdi. Bu kız on beş yaşındayken babası onu ve ablalarını huzuruna çağırdı. O içeri girdiğinde herkesin nasıl baktığını görmeliydiniz, çünkü bu, güneşin doğuşu gibi bir şeydi! Kral, 'Kızlarım,' dedi onlara. 'Son günümün ne zaman geleceğini bilemiyorum, ben de öldüğüm zaman her birinizin neler yapmanız gerektiğini bugünden kararlaştıracağım. Biliyorum, hepiniz beni seviyorsunuz; ama gene de mirasımın en büyük bölümü beni en çok sevenin olacak.' Bunu duyan kızların her biri onu en çok kendisinin sevdiğini ileri sürdü, kral da onlardan, bu sevgiyi sözlerle ifade etmelerini istedi. Böylece onu hangisinin en çok sevdiğini daha iyi saptayabilecekti. Bunun üzerine en büyük kızımız babasını en tatlı şekerlemeler kadar, ortanca kızımız da en güzel elbiseler kadar sevdiğini söyledi. En küçüğümüzse susuyordu. Babası, 'Sevgili kızım, ya sen beni ne kadar çok seviyorsun?' diye sordu. O da, 'Bilmem ki, babacığım, sana olan sevgimi hiçbir şeyle kıyaslayamıyorum,' diye karşılık verdi. Gelgelelim babası onu ille bir benzetme yapsın diye zorlayınca yavrucak, 'En nadide yemek bile tuzsuz yenmez, demek ki ben seni tuz kadar seviyorum,' diye yanıtladı... Bunu duyunca kral küplere bindi. 'Beni tuz kadar seviyorsun madem ben de seni tuzla ödüllendiririm!' diye gürledi. Mülkünü en büyük kızla ortanca kız arasında bölüştürdü, en küçüğün sırtına da bir çuval tuz bağlattı. Sonra onu iki köleye teslim ederek vahşi ormana sürdü. Hepimiz ağlayarak yalvardık; ama boşuna! Kralın öfkesi yatışacak gibi değildi. Zavallı yavrum, bizlerden kopup giderken nasıl da ağlıyordu, bilseniz! Yollar gözlerinden dökülen incilerle döşendi sanki! Daha sonra kral bu haşinliğine pişman oldu, ormana avcılar salıp kızını arattı; ama bulamadı. Şimdi de ben yavrumun belki de yabani hayvanlara yem olduğunu düşündükçe öyle acı çekiyorum ki ne yapacağımı bilemiyorum. Bu yüzden uzun zamandır onun hâlâ yaşadığına dair kendi kendimi inandırarak avunuyorum. Belki bir mağaraya sığınmıştır ya da iyi yürekli birileri onu bulup yanlarına almışlardır, diye düşünüyorum... Biraz önce sizin verdiğiniz kitabı açtığım zaman yitik yavrumun gözlerinden dökülen incilere benzer bir inci buldum ve yüreğim ağzıma geldi. Söyleyin bana, nerede buldunuz bu inciyi?

Bunun üzerine genç kont zümrüt kitabı ona bir ormanın ortasında yaşayan ihtiyar bir kadının verdiğini, ormanın perili bir yere, kadının da cadıya benzediğini anlattı. Kraliçenin kızını da ne görmüş ne de ona ilişkin herhangi bir şey duymuştu. Gene de kralla kraliçe o ihtiyar kadını arayıp bulmaya karar verdiler, çünkü o incinin bulunduğu yerde kızlarından bir haber çıkacağına inanıyorlardı.

İhtiyar kadın vadideki evinde oturmuş, çıkrığı önünde, yün eğirmekteydi. Karanlık basmıştı, odayı ocakta yanan kavların cılız ışığı aydınlatıyordu. Birden dışarıdan sesler geldi, çayırdan dönen kazların gaklaması duyuldu, sonra ihtiyarın kızı içeri girdi. İhtiyar hiçbir şey söylemeden ona çıkrığı uzattı, o da çıkrığın başına oturarak bir genç kızın kıvraklığı ve hızıyla yün dokumaya girişti. İki kadın böylece hiç konuşmadan birkaç saat geçirdiler. Derken pencerede bir tıkırtı oldu. Bu yaşlı bir puhu kuşuydu. Birer kor parçasını andıran gözleriyle pencereden içeri bakarak üç kez öttü. Bunun üzerine kadın kızına bakarak, "Kızım, dışarı çıkıp gerekeni yapmanın zamanı geldi," dedi.

Çoban kadın bunu duyunca ayağa kalkıp dışarı çıktı, çayırların ötesine kadar yürüdü. Bir süre sonra üç meşe ağacının altından akan bir dereye geldi. Tam bu sırada ay tepeden yükselmiş ve çevreyi öyle bir nura boğmuştu ki her yer gündüz gibi aydınlıktı. Kaz çobanı yüzünü örten maskeyi çıkardı, dereye girerek yıkanmaya başladı. Maskesini de suya sokup yıkadı, sonra taşların üzerinde kurumaya bıraktı. Şimdi öyle bir değişime uğramıştı ki aklınız durur! Maskeyi çıkarınca çözülüp topuklarına kadar inen altın saçları güneş gibi ışık saçıyor, yanakları elma gibi al al parlıyor, gözleriyse gökyüzündeki yıldızları andırıyordu.

Ancak, güzel kız çok üzgündü. Sudan çıktıktan sonra dere kıyısına oturdu, hıçkıra hıçkıra ağlamaya başladı. Bıraksalar kim bilir kaç zaman orada oturup ağlayacaktı; ama birden ağaçlar arasında bir hışırtı duyunca, avcı görmüş ceylan gibi yerinden fırladı. Tam o sırada ayın önüne de bir bulut gelmişti. Kız bu karanlıktan yararlanarak hemen maskesini taktı, rüzgârın üfleyip söndürdüğü bir ışık gibi gözden kayboldu. Hemen eve koştu, olup biteni ihtiyar kadına anlattı. Ama o yalnızca gülerek, "Biliyorum, biliyorum," demekle yetindi. Ocağa odun attı, kızı bir köşeye oturttu ve her zamanki gibi çıkrığını alacağı yerde bir süpürge alarak temizlik yapmaya girişti. "Her yer tertemiz, derli toplu olmalı," diyordu.

Kız, "Anneciğim, bu gece saatinde temizlik olur mu? Ne oluyoruz böyle?" diye sordu.

Kadın, "Demek sen hâlâ hangi saatte olduğumuzu bilmiyorsun," dedi.

Kız, "Gece yarısı olmadı; ama saat on biri geçiyor," diye karşılık verdi.

Kadın da, "Bu gece sen benim yanıma geleli üç yıl oluyor," dedi. "Anımsamıyor musun yoksa? Süren doldu artık, benim yanımda daha fazla kalamazsın."

Bunu duyan kız telaş ve tasa dolu bir sesle, "Aman anneciğim, lütfen beni dışarı atma" diye yalvardı. "Nerelere giderim ben? Burdan başka evim, senden başka kimsem yok ki! Ben her zaman senin sözünü dinledim, seni memnun etmeye çalıştım. Ne olur, anneciğim, kapı dışarı etme beni!"

İhtiyar kadınsa genç kıza, "Senin yerin artık benim çatımın altı değil," diye karşılık verdi. "Gene de giderken evi tertemiz bırakman gerek. Sana gelince; hiç dert etme, ortada kalacak değilsin. Vereceğim ödül seni çok hoşnut bırakacak."

Genç kız, "Lütfen, neler olup bittiğini anlat bana," diye yalvardı.

"Yeter, sorularınla başımın etini yiyip durma. Tek laf istemiyorum artık. Hemen kendi odana git, benim yanıma geldiğin zaman sırtında olan o güzel elbiseyi giy, sonra ben çağırana kadar odanda bekle..."

Şimdi de size kralla kraliçenin başına neler geldiğini anlatacağım. Son gördüğümüzde onlar ormandaki ihtiyar kadını arayıp bulmak için yola çıkmaya hazırlanıyorlardı. Kontu tek başına önden gönderdiler, o da iki gün iki gece ağaçlar arasında dolaştıktan sonra nihayet yolu bulabildi. Gece olup karanlık çökünceye kadar bu yolda yürüdü, sonra gene kaybolmamak için bir ağaca tırmandı. Ay doğup ortalığı aydınlığa boğduğu zaman genç adam vadi yönünden bir karaltının yaklaştığını gördü ve bunun, ihtiyar kadının evindeki o çirkin kaz çobanı olduğunu anladı. "Oh, çok iyi," diye düşündü. "Şimdi bunun peşine düşersem anası olacak kocakarıyı elimle koymuş gibi bulurum."

O böyle düşünedursun, kaz çobanı aşağıki derenin kıyısına gelmiş, yüzündeki maskeyi çıkararak yıkanmaya başlamıştı. Genç adam onun o topuklarına kadar inen ışıl ışıl saçlarını, iri parlak gözlerini gördü ve yeryüzünde ondan daha güzel bir kız bulunamayacağına inandı. Soluk bile almaktan çekinerek, onu daha iyi görebilmek için aşağıya doğru eğilebildiğince eğildi. Ne yazık ki tam o sırada ağacın dalı onun ağırlığıyla çatırdadı. Aynı anda da ay buluta girince aşağıdaki genç kız birden gözden kayboluverdi! Bulut geçip ay ortaya çıktığında genç kız ortadan kaybolmuştu.

Genç kont hemen ağaçtan inerek onun peşine düştü. Az sonra ayın alaca aydınlığında iki karaltı gördü. Bunlar, ihtiyar kadının penceresindeki ışığı görmüş ve oraya giden kralla kraliçeden başkası değildi. Kont hemen onların yanına gitti, biraz önce tanık olduğu sahneyi anlattı. Kralla kraliçe, "Hiç kuşku yok, senin gördüğün kız bizim kayıp kızımızdı," dediler. Sevinç ve umutla dolup taşarak yollarına devam ettiler ve sonunda kocakarının evine ulaştılar. Kazlar evin önünde yatmış, başlarını kanatlarının altına sokmuş, uyumaktaydılar; yabancıların gelişi onları uyandırmadı.

Üç yolcu pencereden içeri bakınca ihtiyar kadının çıkrık başına oturmuş, sessiz sedasız yün eğirmekte olduğunu gördüler. Bir süre onu seyrettikten sonra cesaretlenerek camı hafifçe tıklattılar. Bunu duyan kadın böyle bir şeyi zaten bekliyormuş gibi hiç telaşsız kalktı, penceredekilere gülümseyerek baktı ve "Buyrun, kapı açık," dedi. "Kim olduğunuzu biliyorum."

Kral, kraliçe ve kont içeri girdikleri zaman kadın, "Sizi çok seven iyi yürekli, iyi ahlaklı kızınızı kapı dışarı etmeseydiniz bunca sıkıntıyı çekmeyecektiniz," diye konuştu. "Kızınızın başına hiçbir kötülük gelmedi. Üç yıldır burda, benim kazlarıma bakıyor. Gene eskisi gibi güzel, iyi huylu, temiz yürekli. Sizlerse taş yürekliliğinizin cezası olarak üç yıl boyunca acı çektiniz."

İhtiyar kadın böyle diyerek kapıya gidip kızını çağırdı ve az sonra prenses ipekli saray giysilerini giymiş olarak içeri girdi. Topuklarına inen ışıltılı saçları, parlak, iri gözleriyle peri kızlarını andırıyordu. Hemen koşup annesiyle babasının boynuna sarıldı, yanaklarından öptü. Onlarsa sevinç gözyaşları döküyorlardı. Derken genç kız kenarda duran yakışıklı kontu gördü ve nedenini kendi de bilmeden kıpkırmızı kesildi.

Kral gözyaşlarının arasından, "Sevgili kızım, ben sana ne verebilirim ki?" dedi. "Mülkümü ablalarının arasında paylaştırdım."

İhtiyar kadın, "Onun hiçbir şeye ihtiyacı yok," diye araya girdi. "Ben onun bunca yıldır dökmüş olduğu gözyaşlarını sakladım, çünkü bunlar eşi bulunmayan, paha biçilmez incilerdir ve toplamı senin mülkünden bile daha değerlidir. Sonra, bana verdiği hizmetlerin ödülü olarak ona bu evi de armağan ediyorum."

Bu sözler ihtiyar kadının ağzından çıkar çıkmaz evin duvarlarında bir takırtı başladı, sonra ev görkemli bir saraya, içinde bulundukları oda da göz kamaştıran bir salona dönüştü. Orta yerde şahane bir şölen sofrası kurulmuştu ve sayısız uşaklar çevrede dört dönüyorlardı.

Öykümüz burada bitiyor çünkü bu masalı bana anlatan ninem çok yaşlı olduğu için sonunu unutmuştu. Ne var ki ben güzel prensesle yakışıklı kontun evlendiklerini ve saraylarında uzun, mutlu bir ömür sürdüklerini tahmin ediyorum. Acaba bir zamanlar yüzü maskeli çobanın güttüğü kazlar aslında insandı da ihtiyar kadın onları önce kaza dönüştürmüş, sonra gene insan yaparak yeni evlilerin hizmetine mi vermişti? Bana öyle geliyor. Şurası kesin ki bu kocakarı korkulacak bir cadı değil, gücünü iyilik ve sevgi yönünde kullanan bir büyücüydü. Prensese inciden gözyaşı dökme yeteneğini de, daha doğumunda, o bağışlamıştı.

Yazık ki günümüzde kimsenin böyle bir yeteneği yok! Eğer olsaydı yeryüzünde hiç yoksul kalmazdı!

USTA HIRSIZ

Bir gün yoksul, yaşlı bir köylüyle karısı sefil kulübelerinin önünde oturmuş, yaptıkları ağır işlerin yorgunluğunu çıkarmaya çalışıyorlardı. Birden, dört kara küheylanın çektiği şahane bir araba önlerinde durdu ve aşağıya giyimli kuşamlı bir beyefendi indi. Köylü hemen yerinden kalktı, bir soylu sandığı bu şık bayı selamlayarak ona ne gibi bir hizmette bulunabileceğini sordu.

Beyefendi, "Tek istediğim sizin sofranızda karnımı doyurmak," diye yanıtladı. "Her zaman yaptığınız gibi birkaç patates haşlayın, hazır olduğu zaman beni çağırın, birlikte afiyetle yiyelim."

Köylü gülerek, "Siz bir kont, bir prens, belki de bir arşidüksünüz," dedi. "Sizin gibi saraylıların çok zaman böyle kaprisleri olur. Her neyse, emriniz başımız üstüne!"

Karısı mutfağa girerek patates soyarken köylü de yabancı konuğa bahçesini gezdirdi. Kendi halinde, yoksul bir bahçeydi burası. Yalnız yaşlı köylü yere ağaçlar dikmek için çukurlar açmıştı. Bunu gören yabancı, "Bu ağır işlerin ucundan tutacak çocuğun yok mu senin?" diye sordu.

"Yok ya," dedi köylü. "Bir oğlum vardı; ama yıllar önce bizi bırakıp gitti. Oldum olası dik kafalı, asi bir çocuktu zaten. Okuyup yararlı şeyler öğreneceğine serserilik, avarelik eder dururdu. Sonunda evden kaçtı, bir daha da ondan hiç haber almadık."

Köylü bir yandan bunları anlatırken bir yandan da bir fidan alarak çukurlardan birine yerleştirip yanına da bir sopa dikmiş, fidanı uzun bir sazla dibinden, ortasından ve tepesinden sopaya bağlamıştı.

Yabancı, "Bak şu köşede tepesi neredeyse yere değen eğri büğrü bir ağaç var," dedi. "Onu da bir sopaya bağlasana düzelsin!"

Köylü, "Efendim, çok hoşsunuz," diye güldü. "Bahçe işleri üstüne hiçbir şey bilmediğiniz ne kadar belli! O sizin gösterdiğiniz ağaç yaşlı bir ağaç, artık dünyada düzelmez. Düzgün büyümelerini sağlamak için ağaçları henüz gençken ele almak gerekir."

Yabancı, "Bu sözleriniz oğlunuz için de geçerli," dedi. "Daha küçüklüğünde ona iyi terbiye verseydiniz serseri olup evden kaçmazdı. Şimdi artık çok geç."

Köylü, "Bilinmez ki," diye başını salladı. "Evden ayrılalı uzun yıllar oldu, belki artık değişmiştir."

Yabancı, "Şimdi görsen onu tanır mısın acaba?" diye sordu.

Köylü, "Bunca zamandan sonra yüzünden tanımam olanaksız," diye yanıtladı. "Yalnız omzunda bir ben vardır, fasulye büyüklüğünde."

Bunun üzerine yabancı konuk hemen ceketini çıkarıp yakasını sıyırdı ve omzundaki beni babasına gösterdi.

Köylü, yüreği sevinç ve sevgiyle dolarak, "Sahiden de benim oğlumsun sen!" dedi. "Ama nasıl olur bu? Şahane bir beyefendi olup çıkmışsın, servet içinde yüzüyorsun. Nasıl becerebildin bunu?"

Oğul, "Heyhat, babacığım," diye içini çekti. "Düz bir sopaya bağlanmadığı için bu genç fidan eğri büğrü büyüdü, bu yaştan sonra düzelmesinin de artık yolu yok... Bu zenginliğe nasıl ulaştın, diye soruyorsun. Söyleyivereyim: Hırsızlık yaparak. Hem de çok ünlü, çok usta bir hırsızım. Açamayacağım kapı, içine giremeyeceğim yapı yoktur. Gözüme kestirdiğim şey benim demektir. Ama adi bir hırsız olduğumu sanmayasın sakın. Ben yalnızca zenginlerden çalarım, yoksullara hiç dokunmam. Hatta yeni geldiğinde varlığımı onlarla paylaşırım. Zekâmı ve becerimi kullanmadan, kolayca elde edebileceğim şeylere el sürmem. Kurnazlığımı, ustalığımı her zaman kanıtlamak isterim."

Yaşlı baba, "Heyhat, oğulcuğum, bu söylediklerin benim içime su serpemez," dedi. "Benim kitabımda hırsız hırsızdır, istediğince kurnaz ve usta olsun, sonunda ya ipe ya da zindana gider!"

Böyle diyerek oğlunu alıp karısının yanına götürdü. Kadıncağız bu yabancının kendi oğlu olduğunu duyunca sevinç gözyaşlarına boğuldu; ama onun hırsızlığı meslek edindiğini öğrenince sevinci kedere dönüştü. Sonunda avunmak için, "Ne olursa olsun, oğlum o benim," diye düşündü. "Hırsız bile olsa benim öz oğlum. Şükür onu dünya gözüyle bir kez daha görebildim."

Böylece ana, baba ve oğul sofra başına oturdular. Oğul yıllardır unutmuş olduğu yavan köylü aşını yedi. Bir ara babası ona dönerek, "Efendimiz olan kontu anımsıyor musun?" diye sordu. "Şatosunda yapılan törende seni kucağına almış, vaftiz baban olmuştu. Ama şimdi, şu halinle görse, nasıl bir meslek tutmuş olduğunu öğrense sanırım seni kucaklayacağı yerde hemen darağacına gönderir."

Usta hırsız, "Sen bu konuyu hiç merak etme, babacığım," dedi. "Hatta bu akşam şatoya çıkıp kontu ziyaret edeceğim; ama kılıma bile zarar gelmeyecek. Bana boş yere usta hırsız dememişler!"

Gerçekten de akşam olunca arabasına bindi, kontun tepedeki şatosuna gitti. Kont önce onu saygı ve nezaketle karşıladı, çünkü onu soylu biri sanmıştı.

Ama yabancı asıl kimliğini ortaya vurunca kontun benzi sapsarı kesildi. Bir süre hiç konuşmadan oturan kont sonunda şunları dedi:

"Sen benim vaftiz oğlum olduğun için bu seferlik hoşgörülü ve merhametli davranacağım; madem çok usta bir hırsız olduğunu söylüyorsun ben de senin becerini ve kurnazlığını sınayacağım. Bu sınavda iyi sonuç alırsan canını bağışlarım; ama iyi sonuç alamazsan darağacıyla nikâhın kıyılacak demektir, bunu böyle bilesin."

Hırsız, "Efendimiz, aklınıza gelen en zor üç işi buyurun bana, bunları başaramazsam da nasıl diliyorsanız öyle yapın," dedi.

Kont bir süre kaşlarını çatıp düşündü. Sonra, "İlk sınav olarak ahırdan en sevdiğim atımı çalacaksın," dedi. "İkinci sınav olarak, geceleyin biz uyurken karımla benim üzerimdeki yatak örtüsünü, bir de karımın parmağındaki yüzüğü çalacaksın. Üçüncü ve son sınav olarak da kiliseden papazla yamağını çalacaksın. Bunları iyi belle çünkü hayatın bu konulardaki başarına bağlı!"

Usta hırsız, "Başüstüne," diyerek şatodan ayrıldı, hemen en yakın kasabaya giderek oradan aldığı giysilerle bir köylü kadın kılığına girdi. Yüzünü boyayla esmerleştirdi, üzerine çizdiği çizgilerle bumburuşuk bir hale soktu. Onu hiç kimse tanıyamazdı artık. Hırsız son olarak bir şişe nefis Macar şarabı aldı, içine güçlü bir uyku ilacı karıştırdıktan sonra bir sepete koydu, sepeti de omzuna vurarak kontun şatosunun yolunu tuttu.

Şatoya vardığında karanlık adamakıllı çökmüştü. Hırsız avludaki bir taşın üzerine oturdu ve nefes darlığı çeken yaşlı bir kadın gibi öksürmeye başladı. Bir yandan da üşümüş gibi ellerini ovuşturup duruyordu. Efendime söyleyim, ahır kapısının önünde askerler ısınmak için büyük bir ateş yakmışlardı. Şimdi içlerinden biri, ihtiyar köylü karısını görünce yanına gelip ısınsın diye onu çağırdı. Kocakarı hemen onların yanına geldi, sepetini yere koyarak kendi de askerlerin arasına, ateş başına oturdu. Bir başka asker, "Sepetinde ne var bakalım, ana?" diye sordu.

Kocakarı, "Ağzınıza layık şarabım var," diye yanıtladı. "Tatlı dil güler yüzünüze, biraz da para karşılığında size birer bardak veririm."'

"Ver bakalım öyleyse," dedi asker. Birinci bardağı içtikten sonra ağzını şapırdatarak, "Bu şarap nefismiş!" dedi. "Bir bardak daha içerim doğrusu!" diyerek ikinci bardağı da yuvarladı. Arkadaşları da onu izlediler. Sonra içlerinden biri ahırın içindeki arkadaşlarına, "Hey, bizimkiler!" diye seslendi. "Yaşlı bir köylü bir şarap getirmiş, en pahalı şaraptan bile iyi, valla, adamın iliklerini ısıtıyor!"

Bunun üzerine bizim hırsız ahıra girdi. Karşısında üç asker gördü. Bunlardan biri eyerlenmiş bir atın

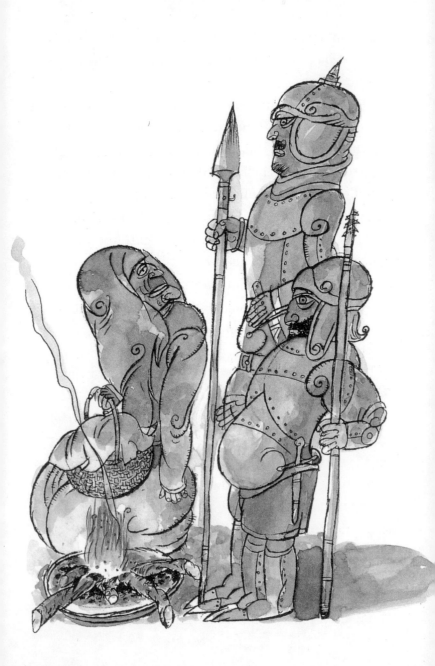

üzerine oturmuştu; ikincisi atın dizginini, üçüncüsü de kuyruğunu tutuyordu. Hırsız şarabın geri kalanını onların arasında bölüştürdü. Derken şarabın etkisi kendini göstermeye başladı. Öndeki asker dizginleri elinden bırakıp yere çökerek horul horul uykuya daldı; arkadaki asker, kuyruğu bırakarak yere yığıldı ve arkadaşından daha beter horlamaya başladı; atın üstündeki de öne doğru kaydı ve demirci körüğüne rahmet okutacak bir horultu tutturdu. Dışarıdaki askerler de çoktan kendilerinden geçmiş, ateşin çevresinde sızıp kalmışlardı.

Bunun üzerine bizim hırsız dizginleri tutan askerin eline bir urgan, kuyruğu tutan askerin eline de bir tutam saman verdi. İyi ama atın üstündeki asker ne olacaktı? Hırsız bunu kestiremiyordu. Onu atın üstünden yere yuvarlamaya kalksa asker uyanıp yaygarayı basabilirdi. Bizim usta hırsız düşündü, taşındı, sonra duvardaki halkalardan geçirdiği urganları eyere bağladı, uçlarını da ahırın direklerine düğümledi. Böylece atın binicisini, eyeriyle birlikte havaya kaldırdı; öylece, uyur durumda, havada bıraktı. Sonra kontun atını dizgininden tutarak ahırdan dışarı çıkardı. Ama önce, nallar yerdeki taşların üzerinde ses çıkarmasın diye atın ayaklarına çaputlar sardı. Usulca atın sırtına atladı, kimse görmeden şatodan çıkıp gitti.

Şafak söker sökmez usta hırsız gene çaldığı ata binerek kontun şatosunun yolunu tuttu. Kont kalkmış, pencereden dışarısını seyretmekteydi.

Hırsızımız, "Günaydın, sayın kont," diye onu selamladı. "Buyrun işte, ahırınızdan çalmış olduğum en sevgili atınız! Avluya bakarsanız askerlerinizin derin uykularda olduğunu görürsünüz. Ahırın içindeki durumun da aynı derecede ilginç olduğunu söyleyebilirim."

Kont gülmekten kendini alamadı. "Ne yalan söyleyeyim, ilk sınavı başarıyla geçtin," dedi. "Ama ikincisi pek böyle kolay olmayacaktır. Hem bilmiş ol; karşıma hırsız gibi çıkarsan hırsız muamelesi görürsün."

Saatler geçti, güneş battı, sonunda akşam oldu. Kontes nikâh yüzüğünü parmağından çıkarıp avucunda sımsıkı tutarak uykuya daldı.

Kont, "Bütün kapılar kilitlenmiş ve sürgülenmiş durumda," diyordu. "Ben de pencere karşısında elimde tüfeğimle nöbet tutuyorum ki hırsızı görür görmez vurabileyim."

Oysa usta hırsız karanlık iyice basar basmaz hemen meydanlıktaki darağacına gitmişti. O gün asılmış olan sefil bir suçlu burada, ipin ucunda sallanmaktaydı. Hırsız onu kesip sırtına alarak şatoya döndü. Kontun yatak odasının penceresine bir merdiven dayadı ve asılmış adamın cesedini omzuna oturtarak merdiveni tırmanmaya başladı. Ölünün başı pencerede görünür görünmez içeride, pencerenin ardında beklemekte olan kont hemen tabancasını doğrultarak ateş etti. Bunun üzerine hırsız omzundaki yükü aşağı attı, kendi son hızla merdivenden yere indi, karanlık bir köşeye gizlendi. Aydınlık bir geceydi, hırsız da kontun merdivenden aşağı indiğini, ölüyü sürükleyerek biraz öteye götürdüğünü ve gömmek için bir çukur kazmaya başladığını açıkça gördü. Kendi kendine, "Şimdi tam zamanıdır," diyerek gene merdivenden yukarı koştu, yatak odasına girdi. Karanlıkta kontun sesini taklit ederek, "Sevgili karıcığım, hırsızı öldürdüm," dedi. "Gene de kendisi benim vaftiz oğlumdu, ana babasının küçük düşmesini de istemem. Bu yüzden onu gizlice bahçeye gömmek istiyorum. Sen bana şu yatak örtüsünü ver de cesedini buna sarayım."

Kontes yatak örtüsünü hırsıza uzattı. Hırsız hâlâ kontun sesini taklit ederek, "Biliyor musun, onu öldürdüğüme pişmanım, bu yüzden içimden bir büyüklük yapmak geliyor," diye ekledi. "Zavallı adam hayatını senin parmağındaki yüzük uğruna harcadı madem, ver yüzüğü, onunla birlikte gömeyim."

Kontes kocasına karşı gelmek istemediği için yüzüğü çıkarıp verdi. Böylece istediklerinin ikisine de bir çırpıda kavuşan hırsız hemen şatodan uzaklaştı. Kont daha mezar kazmasını bitirmeden o evine varmıştı bile!

Ertesi sabah hırsız yatak örtüsüyle yüzüğü getirdiği zaman kontun kapıldığı şaşkınlığı siz düşünün! "Sen sihirbaz mısın nesin?" dedi hırsıza. "Seni kendi elimle gömdüğüm mezardan nasıl çıktın? Yeniden nasıl dirilebildin?"

Hırsız, "Siz beni gömmediniz ki!" dedi, sonra suçlunun cesedini darağacından nasıl indirdiğini ve ondan sonra olup bitenleri anlattı.

Kont onun kurnaz ve becerikli bir adam olduğunu kabul etmekle birlikte, "Ama sınanman daha bitmedi," diye ekledi. "Şimdi sıra üçüncü sınavda. Bunu başaramazsan ilk iki başarın da güme gidecek, bunu böyle bil!"

Hırsız şöyle bir gülmek dışında karşılık vermedi. Gece olunca sırtına uzun bir çuval vurdu, koltuğuna bir çıkın, eline bir fener alarak köy kilisesinin yolunu tuttu. Çuvalın içine bir sürü yengeç doldurmuştu, çıkının içinde de küçük, kısa mumlar vardı. Kilisenin yanındaki mezarlığa varınca hırsız çuvaldaki yengeçleri birer birer çıkardı, her birinin üzerine bir mum dikip yaktı, sonra onları mezarlar arasına salıverdi. Yengeçler mezarlar arasında gezinedursun bizimki üzerine uzun, kara bir cüppe giyip çenesine uzun, beyaz bir takma sakal takarak kiliseye girdi. Tam o sırada saat gece yarısını vurmaya başlamıştı. Hırsız on ikinci vuruşun çınlaması da duyulmaz olsun diye bekledi, sonra yüksek, duru bir sesle, "Dinleyin, ey günahkârlar, dinleyin!" diye bağırdı. "Dünyanın sonu geldi, bu gece kıyamet gecesidir. Benimle birlikte cennete gitmek isteyenler şu çuvalın içine girsinler. Ben cennetin kapısını açıp kapamakla görevli olan Ermiş Peter'im. Bakın, mezarlıktaki ölülerin ruhları ayağa kalkmış durumda. Hadi, hadi, kurtulmak isteyenler şu çuvalın içine girsin, çünkü kıyamet kopmak üzere!"

Kilisenin yanı başındaki evde oturan papazla yamağı hırsızın sesini duyunca dışarı fırlamışlardı. Mezarlıkta dolaşan ışıkları da görünce olağanüstü bir durum olduğunu anlayarak kiliseye girdiler. Hırsızın bağırarak yaptığı uyarıları duydular. Bunun üzerine yamak papazı dirseğiyle dürterek, "Dünyanın sonu geldi madem, bu fırsatı kaçırmayalım da kolay yoldan cennete gidelim bari," diye fısıldadı. "Dışarıdakilerden önce şu çuvala girsek iyi olur."

Papaz, "Ben de aynen bu fikirdeyim," dedi. "Hadi bakalım, yolcu yolunda gerek."

Terbiyeli bir genç olan yamak, "Önce siz buyurun, papaz efendi," dedi. "Ben sizin peşinizden gelirim."

Böylece papaz ilerledi ve usta hırsızın elindeki çuvalın içine girdi, yamağı da peşinden! Hırsız hemen çuvalın ağzını büzüp kapadı, sonra çuvalı çekip sürükleyerek götürmeye başladı. Çuvalın içindekiler sarsılıp birbirine çarptıkça hırsız, "Şimdi dağları aşıyoruz!" diye bağırıyordu. Su birikintilerine de, "Bunlar yağmur bulutu," diyordu. Sonunda şatoya vardılar. Merdivenlerden yukarı çıkarken hırsız, "Cennete çıkan basamaklara geldik," diye bağırdı. "Yakında cennetin kapısından içeri gireceğiz." Yukarı varınca çuvalı kuşhanenin içine soktu ve papazla yamağına, "Şu kanat hışırtılarına kulak verin!" dedi. "Meleklerin kanat sesleri bunlar." Sonra kapıyı sürgüleyerek oradan uzaklaştı.

Ertesi sabah gene kontun huzuruna çıktı. "Üçüncü buyruğunuzu da yerine getirdim; papazla yamağını kiliseden çaldım, efendim," dedi.

Kont, "Onları nereye götürdün peki?" diye sordu.

"Kuşhanedeler, efendim; ama kendilerini cennette sanıyorlar."

Kont kuşhaneye giderek zavallı papazla yamağını çuvaldan çıkardı. Sonra hırsıza dönerek, "Sen gerçekten de hırsızların şahısın," dedi. "Bu bahsi kazandın, ben de bu seferlik seni serbest bırakıyorum; ama gelecekte benim ülkemden uzak dur. Seni bir daha karşımda görürsem darağacına yollarım."

Usta hırsız şatodan ayrıldı. Ana babasıyla da vedalaştıktan sonra yola çıkıp uzak bir ülkeye gitti. Ondan sonra da onu gören, ondan haber alan olmadı.

Hırsızla oğulları

Bir zamanlar çetesiyle birlikte büyük bir ormanda yaşayan yaman bir hırsız vardı. Bu haramiler kaya aralıklarına, mağaralara saklanır, o dolaylardan geçen soylularla saraylıları, zengin tüccarları soyarlardı. Ancak, çetenin reisi olan hırsız yıllar geçip yaşlandıkça hırsızlıktan soğudu, yapmış olduğu kötülüklerden pişman oldu. Bundan böyle namusuyla yaşamaya ve çevresine elinden geldiğince iyilik etmeye karar verdi. Ondaki bu ani ve büyük değişikliği görenler hem şaşırıyor, hem de memnun oluyorlardı.

Efendim, bu hırsızın yetişkin üç oğlu vardı. Hırsız bir gün onları karşısına çağırdı ve ekmeklerini namuslarıyla kazanabilecekleri birer meslek seçmelerini söyledi. Üç delikanlı baş başa verip görüştüler, sonra babalarına şu yanıtı verdiler:

"Armut, ağacının dibine düşer, biz de senin mesleğini sürdürmek istiyoruz. Az bir kazanç için sabahtan akşama çalışıp durmak bize göre değil."

Babaları, "Vah vah, yavrularım!" diye içini çekti. "Namusunuzla yaşayıp azla yetinmek yolunu neden seçmiyorsunuz? İnanın bana, en bereketli kazanç dürüst kazançtır. Hırsızlık insanı eninde sonunda felakete sürükleyen kötü bir iştir, bu yoldan kazanılan varlık insana mutluluk ve huzur vermez; kendi deneyimlerimden biliyorum bunu. Beni can kulağıyla dinleyin, bu mesleğin sonu da iyi değil, su testisi su yolunda kırılır. Er geç ele geçeceksiniz, o zaman da gideceğiniz yer darağacı olacaktır."

Fakat, oğulları onun uyarılarına hiç kulak asmayıp kendi bildiklerine gittiler. Parlak ve cüretli bir soygunla hırsızlıktaki ustalıklarını kanıtlamak istiyorlardı. Sarayın ahırında kraliçeye ait değerli bir at vardı; üç kardeş bunu çalmaya karar verdiler. Kraliçenin atının yalnızca özel bir cins ot yediğini, bu otların da bataklık bir yörede yetiştiğini öğrenmişlerdi. Oraya giderek bu otlardan kesip kocaman bir deste yaptılar, destenin ortasına da en küçük oğlanı dışarıdan hiçbir şey belli olmayacak biçimde gizlediler. Sonra desteyi pazar yerine götürdüler. Burada sarayın seyis başı bu otları görünce hemen satın aldı ve sarayın ahırına taşıttı.

Gecenin yarısında, herkesin derin uykularda olduğu sırada en küçük oğlan otların arasından çıktı, kraliçenin atını altın yularından tutarak aldı, üzerine sırma işlemeli eyerini geçirdi, eyerin çıngıraklarını da, şıngırdamasınlar diye balmumuyla tıkadı. Sonra ahır kapısını açıp ata binerek rüzgâr gibi saraydan uzaklaştı, ağabeylerinin yanına döndü. Ancak köy bekçisi onu görmüştü; hemen peşine düştü, onu da, ağabeylerini de yakaladı, zincire vurup zindana attı.

Ertesi sabah üç kardeş kraliçenin huzuruna çıkarıldılar. Kraliçe onların ne kadar genç olduklarını görünce kimliklerini sordu soruşturdu ve yaptıklarından pişman olan, şimdi dürüst yaşayan eski bir hırsızın oğulları olduklarını öğrendi. Onları gene zindana yollayarak babalarını çağırdı ve "Sen olsan oğullarını serbest bırakır mıydın?" diye sordu.

Yaşlı baba, "Oğullarımı serbest bırakmak için beş para bile harcamaya değmez," diye karşılık verdi.

Kraliçe, "Sen ünlü ve usta bir haramiymişsin," dedi. "Başından geçen en ilginç serüveni bana anlat, oğullarını serbest bırakayım."

Bunun üzerine eski hırsız da şunları anlatmaya başladı:

"Sayın kraliçem, şimdi size beni yangınlardan da sellerden de daha çok korkutmuş olan serüveni anlatacağım. Yolculuklarım sırasında kulağıma bir söylenti gelmişti: İki ormanlık dağ arasındaki bir uçurumda bir dev yaşıyormuş ve bu devin binlerce gümüş ve altından oluşan muazzam bir hazinesi varmış. Bunu duyunca ben yanıma yüz kadar seçme adam aldım, devin yaşadığı ücra uçurumun yolunu tuttuk. Uzun, tehlikeli, çetin bir yolculuktan sonra nihayet oraya vardık. Şansımıza, dev evinde yoktu, biz de taşıyabileceğimiz kadar altın ve gümüş alarak sevinç içinde dönüş yoluna koyulduk. Tam tehlikeyi atlattığımıza, hazinemizle birlikte evimize varabileceğimize inandığımız bir sırada dev arkamızdan yetişmez mi? Hem de yanında tam dokuz dev daha vardı! Bu on dev bizi onar onar aralarında paylaştılar, ben de dokuz arkadaşımla birlikte hazinenin sahibi olan esas devin payına düştüm... Dev ellerimizi arkaya bağlayarak bizi bir koyun sürüsü gibi mağarasına götürdü. Bizler canımızı kurtarmak için ona yalvarıyor, para, mal mülk vaat ediyorduk. Ama o, 'Benim varlığa ihtiyacım yok. Ben sizi burada alıkoyup birer birer yiyeceğim,' dedi. Sonra her birimizi sırayla mıncıklayıp yoklamaya başladı. Sonunda içimizden birini seçerek, 'En şişmanınız bu; ben de ondan başlayacağım,' dedi. Böyle diyerek adamcağızın bir vuruşta canını aldı, etlerini lokma lokma doğrayıp bir kazan kaynar suya atarak pişirdi, sonra da afiyetle yedi. Böylece her gün bir tanemizi yemeye başladı. En zayıf olduğum için ben en sona kalmıştım. Bu yüzden devin elinden kurtulmak için hileler düşünmeye vakit buldum. Sıra bana geldiğinde devin karşısına geçerek, 'Görüyorum senin gözlerin bozuk, yüzünün kaslarında da ağrı var,' dedim. 'Ben mesleğimin eri, tanınmış bir hekimim; canımı bağışlarsan seni iyileştiririm.' Dev bana inandı, dediğimi yapabilirsem canımı bağışlayacağına söz verdi, istediğim her şeyi de bana sağladı. Bir kabın içine yağ koydum, bunu kükürt, zift, tuz, arsenik gibi zehirlerle karıştırdım ve devin gözüne merhem hazırlamış gibi iyice kaynattım. Sonra devi yere yatırdım ve bu karışımı gözlerinin üstüne, bütün vücuduna döktüm, öyle ki gözleri kör olduğu gibi derisi de baştan aşağı yandı, cılk yara oldu. Dev korkunç bir ulumayla yerden fırladı, sonra gene kendini yere attı ve tüyler ürpertici bağırışlarla çırpınıp kıvranmaya başladı. Sonunda çılgınlar gibi ayağa kalktı ve duvarda asılı duran kocaman bir sopayı kapıp mağaranın içinde dört dönerek beni aramaya başladı. Duvarlara, yere, havaya rasgele vurup duruyordu. Kaçmanın yolu yoktu, çünkü mağaranın duvarları iyice yüksek, kapılar ise demirdendi. Devden kaçmak için bir süre pire gibi ordan oraya zıpladım. Sonra, çaresiz, bir duvar merdiveniyle tavana tırmandım, ellerimle oradaki halkalara tutundum. Bir gün bir gece asılı kaldım orada, sonra artık dayanamayarak gene aşağı indim, koyunların arasına karıştım. Burada da rahatım yoktu. Dev beni fark etmesin diye durmadan, koyunlarla birlikte oradan oraya koşmak zorundaydım... Sonunda bir köşede bir koç pöstekisi buldum, boynuzları başıma gelecek biçimde üzerime geçirdim. Efendim, koyunlar otlamaya giderken dev onları bacaklarının arasından geçirerek sayar, aynı zamanda en şişmanını yakalayarak o gün pişirip yerdi. Ben de öbür koyunlarla birlikte onun bacaklarının arasından kaçıp mağaradan kurtulabileceğimi umuyordum; ama o beni yoklayınca, 'Sen pek besiliymişsin; bugün karnımı doyuracaksın,' dedi. Bir sıçrayışta ellerinden kurtuldumsa da o beni gene tuttu. Ben gene kaçtım; ama gene beni yakaladı. Böylece, tam yedi kez kaçıp yedi kez yakalandım. Sonunda dev öfkesinden küplere binerek, 'Seninle uğraşmaktan bıktım! Gideceksin madem, git bakalım. İnşallah kurtlara yem olursun!' diye söylendi...

Mağaradan dışarı çıkar çıkmaz üzerimdeki pöstekiyi attım ve alaylı bir sesle, 'Elinden kurtuldum işte!' diye bağırdım. Dev bunun üzerine parmağındaki yüzüğü çıkararak bana doğru uzattı. 'Bunu benden bir anı olarak al; senin gibi akıllı bir adamı ödülsüz göndermem doğru olmaz,' dedi. Ben de bu altın yüzüğü alıp parmağıma taktım. Ne bileyim, meğer yüzük tılsımlıymış! Parmağımda durduğu sürece ister istemez, 'Buradayım! Buradayım!' diye bağırmaktan kendimi alamıyordum. Bu sayede benim nerede olduğumu her an öğrenebilen dev de peşime düşerek beni ormanın içine kadar kovaladı. Ancak gözleri kör olduğu için her an ayağı köklere takılarak, kafası ağaç gövdelerine çarparak yere düşüyordu. Ama her seferinde gene çarçabuk toparlanıp ayağa kalkıyor, o uzun bacaklarıyla koşup bana yetişiyordu. Ben de salaklar gibi, 'Buradayım! Buradayım!' diye bağırıp ona yerimi belli ediyordum. Bu duruma neden olduğunu bildiğim için yüzüğü parmağımdan çıkarmaya çalışıyordum; ama bir türlü çıkaramıyordum. Sonunda başka çıkar yol bulamadığım için parmağımı kendi dişlerimle koparıp attım, böylece durmadan,

'Buradayım!' diye bağırmaktan kurtulduğum için devin elinden kaçabildim. Evet, gerçi bir parmağımdan olmuştum; ama bu sayede canımı kurtarmıştım."

Öyküyü böylece bitirdiği zaman eski hırsız, "Sayın kraliçem," dedi. "Bu serüveni size oğullarımın birinin canına karşılık olarak anlattım. Şimdi izin verirseniz ikincisinin hayatını kurtarmak için bir ikinci öykü anlatayım. Bu da başımdan geçmiş gerçek bir serüvendir. "Devin elinden kurtulduktan sonra ormanda dolaşmaya başladım. Ne yönde gideceğimi bilemiyordum. Derelerden geçip tepelere tırmanıyor, ulu çamların üstüne çıkıyor; ama hiçbir yönde ne bir ev ne de bir insan görebiliyordum. Dört bir yanım vahşi dağ ve ormanlarla sarılıydı. Gökleri tırmalayan dağ doruklarından cehennem kadar derin uçurumların diplerine iniyordum. Karşıma aslanlar, kaplanlar, ayılar, zebralar, zehirli yılanlar, korkunç sürüngenler çıkıyordu. Bir keresinde gagalı, boynuzlu, vahşi insanlar gördüm; öyle korkunçtular ki şimdi bile düşündükçe ürperirim. Her an yorgunluktan yığılıp kalacak gibi olmakla birlikte, aç susuz koşuşturmayı sürdürüyordum. En sonunda, tam güneş batmak üzereyken yüksek bir tepeye ulaştım. Buradan bakınca aşağıdaki vadiden bir duman sütununun yükselmekte olduğunu gördüm. Bir ekmekçi fırınının dumanını andırıyordu. Hemen son hızla yamaçtan aşağı, dumanın çıktığı yere doğru koştum. Orada, bir ağacın dalına asılmış üç ölü gördüm. Bunu görünce korkudan tüylerim diken diken oldu, çünkü gene bir devin eline düşmüş olduğumu, sonumun geldiğini sanmıştım. Çaresiz, olanca cesaretimi toplayarak ilerledim ve az ötede bir köy evi gördüm. Evin açık duran kapısından baktım; içeride, kucağında çocukla genç bir kadın oturmaktaydı. Ona yaklaşarak kim olduğunu, neden burada tek başına oturduğunu sordum. Yakınlarda başka insanlar bulunup bulunmadığını da öğrenmek istedim. Kadın insanların oturduğu yerlerin buradan çok uzaklarda olduğunu söyledi. Sonra, gözlerinde yaşlarla, dün gece yabani orman adamlarının onu evinden, kocasının yanı başından kaçırıp yavrusuyla birlikte buraya getirdiklerini anlattı. Bu yetmezmiş gibi canavarlar o sabah evden çıkarken ona çocuğunu öldürüp pişirmesini, gece döndükleri zaman çocuğu yiyeceklerini söylemişler. Ben bunları duyar duymaz zavallı kadıncağızla yavrusunu oradan kurtarmaya karar verdim. Hemen dışarıki ağaca koştum, dala asılmış olan üç hırsızın en şişmanını aşağı indirerek eve götürdüm. Ölüyü parçalara ayırdım, kadına da, 'Vahşi adamlara bunu pişirip yedir,' dedim. Çocuğu bir ağaç kovuğuna gizledim, kendim de evin arkasına saklandım. Buradan vahşi adamların geldiğini görebilir, gerekirse kadının yardımına koşabilirdim.

"Güneş batıp karanlık basarken üç vahşi dev dağdan indiler. İnsandan çok maymuna benzeyen kor-

kunç yaratıklardı. Arkalarında bir ceset sürüklüyor-
lardı ya, bunun ne olduğunu anlayamadım. Bu dev
yaratıklar eve girer girmez kocaman bir ateş yaktılar,
ama getirdikleri ölüyü dişleriyle parçalayarak, pişir-
meden yediler. Sonra hırsızın pişmiş etlerinin durdu-
ğu kazanı önlerine çekip etleri aralarında bölüştüler.
Sonra içlerinden biri –galiba bu reisleriydi– kadına,
'Yediğimiz şey senin çocuğunun eti miydi?' diye
sordu. Kadın da, 'evet', diye yanıtladı. Ama canavar,
'Bence sen çocuğunu gizledin, bize de ağaçta asılı
hırsızlardan birini yedirdin,' dedi. Sonra arkadaşla-
rına dönerek, 'Koşun, hırsızların her birinden birer
parça et kesip getirin ki üçünün de orada olduğunu
bileyim,' dedi. Ben bunu duyar duymaz hemen gittim,
ağacın dallarındaki boş ilmiğe başımı geçirip bekle-
dim. Vahşi adamlar gelince her birimizin kalçasından
bir parça et kestiler, ben de bu acıya gıkımı çıkar-
madan katlandım. Bu yaranın izini, öykümün kanıtı
olarak bugüne dek taşımaktayım."

Buraya gelince hırsız bir an sustu, sonra bu öy-
küyü ikinci oğlunu kurtarmak için anlatmış olduğunu
söyledi. Üçüncü oğlunun hayatına karşılık olarak da
serüvenin sonucunu anlatacaktı:

"Vahşi adamlar bu üç parça eti alıp gittikleri zaman
ben hemen ağaçtan indim, gömleğimi yırtarak parça-
larıyla yaramı sardım. Gerçi kanım hâlâ oluk oluk
akıyordu; ama ben buna aldırış etmeyerek gene evin

arkasına saklandım, zavallı kadınla çocuğunu nasıl kurtarabileceğimi düşünmeye başladım. Bir yandan da evin içinde olup bitenlere kulak kabartıyordum. Gerçi yaramın acısından, hem de açlık ve susuzluktan bitkin düşmüş durumdaydım; ama kulağımı dört açmaya çalışıyordum. Böylece reis olan adamın, kendine getirilen üç et parçasının tadına baktığını ve en çok benim etimin lezzetini beğendiğini anladım. Dev, 'Gidin, ortadaki hırsızı getirin, çünkü bu onun eti,' dedi. Ben de gene hemen ağaca koşarak kendimi iki hırsızın arasına astım. Çok geçmeden iki yaratık gelip beni aşağı indirdiler ve taşların, dikenlerin arasından sürükleyerek içeri götürdüler. Bıçaklarını bileyerek beni kesip yemeye hazırlanıyorlardı; ben de artık sonumun geldiğini düşünüyordum ki birden müthiş bir gök gürültüsü duyuldu ve çatırdayarak şimşekler çaktı. Devler bile korkarak titremeye başladılar. Azgın bir fırtına kopmuştu. Gök gürültüsüyle şimşeklerin arasında yağmur kovalardan boşalırcasına indirdi, bir yandan da rüzgârın şiddetinden bütün ev havaya uçacak gibi oluyordu. Bu hengâmeden ödleri kopmuş olan canavarlar kendilerini pencerelerden dışarı attılar, kadınla beni içeride unuttular. Fırtına üç saat sürdü, sonra gene güneş açtı. O zaman ben de kadınla çocuğunu aldım, hemen oradan uzaklaştık. Tam on dört gün on dört gece ormanda dolaşarak otlarla, köklerle, yaban yemişleriyle beslendikten sonra nihayet uygar bir ülkeye ulaştık, kadının kocasını bulduk. Eşiyle yavrusuna kavuşunca adamcağızın kapıldığı sevinci artık siz düşünün!"

Eski hırsız öyküsüne burada son verdi. Kraliçe de, "O zavallı kadınla çocuğu kurtarmakla birçok kötülüklerinin bedelini ödemişsin," dedi. "Ben de senin üç oğlunu serbest bırakıyorum!"

akıllı Hans

Öğütlerini can kulağıyla dinleyip uygulayan bir oğula ya da çırağa sahip olan adam ne mutludur ve işleri nasıl rast gider, bilseniz! İşte bir çiftçinin Hans adında böyle akıllı bir yamağı vardı.

Adam bir gün Hans'ı kayıp bir ineğini bulmaya yolladı. Hans bir türlü geri gelmek bilmiyordu. Efendisi de içinden, "Benim vefalı yamağım, bana hizmet etmek için hiçbir zahmetten kaçınmıyor," diye düşünüyordu. Ancak epey daha zaman geçtiği halde Hans hâlâ geri gelmeyince adam gidip onu aramaya karar verdi. Uzun süre çevreyi aradı, taradı, sonunda çocuğu bir tarlada, beş aşağı beş yukarı koşuştururken buldu. Kendisi de koşup ona yetişince, "Sevgili Hans, aramaya geldiğin ineği buldun mu bari?" diye sordu.

Hans, "Hayır, efendim, ineği bulamadım, çünkü aramadım," diye yanıtladı.

Çiftçi, "Peki, sen neyi aradın, Hans?" diye sordu.

Hans, "Daha iyi bir şeyi aradım ve buldum," diye karşılık verdi.

"Peki, bu neymiş, Hans?"

Çocuk, "Üç karga," diye yanıtladı.

"Nerede bu kargalar, peki?"

"Birincisini duyuyorum, ikincisini görüyorum, üçüncüsünü arıyorum."

Efendim, bu öyküden çıkartacağımız ders şu: Siz de verilen işleri yapacağınız yerde canınızın istediğine, aklınızın estiğine giderseniz, Hans gibi sizin de, "Akıllı" diye adınız çıkar!

köylü ile kötü ruh

Evvel zaman içinde gözü pek, kurnaz bir köylü vardı. Bu adamın marifetleri saymakla bitmez; ama, en eğlencelilerinden biri onun kötü bir ruhu tongaya düşürüp aptal yerine koymasıyla ilgilidir.

Bir akşam, alacakaranlık iyice bastırdığı sırada, tarlalarını sürmüş olan köylü evine dönmeye hazırlanıyordu. Birden, karşı tarlanın orta yerinde kıpkızıl bir kor yığını gördü. Şaşırarak o yönde ilerleyince korların üzerinde kötü bir ruhun oturmakta olduğunu fark etti.

"Yoksa oturduğun yerin altında bir hazine mi var?" diye sordu.

"Elbet ya!" dedi ruh. "Senin aklının alamayacağı kadar altın ve gümüş var burada."

Köylü, "Öyleyse hazine bana aittir, çünkü burası benim tarlam," dedi.

Ruh, "Eğer iki yıl tarlanda yetişen ürünün yarısını bana vermeye söz verirsen ben de hazinemi sana veririm," dedi. "Bende altınla gümüş çok. Şimdi de toprak ürünü istiyorum."

Köylü bu pazarlığa razı oldu. Ama ilkin bir koşul ileri sürdü: Ürünün paylaşımında sorun çıkmaması için toprağın üstünde kalanlar ruha, altında kalanlar da köylüye ait olacaktı. Ruh bunu hemen kabul etti. Gelgelelim, kurnaz köylü o yıl tarlasına şalgam tohumu ekti. Hasat zamanı olunca ruh ürününü al-

maya geldi; ama sararmış kuru saplardan başka bir şey bulamadı. Oysa köylü toprağın altından bol bol şalgam çıkardı!

Bunu gören kötü ruh köylüye, "Bu seferlik beni kandırdın," dedi. "Ama bir dahaki yıl yağma yok! Toprağın üstündekiler senin olacak bu kez, altındakiler benim!"

Köylü, "Tamam, öyle olsun," diye karşılık verdi; ama ekin zamanı gelince tarlasına şalgam yerine mısır ekti.

Hasat zamanı olunca kötü ruh ürününü almaya geldi. Ama köylü bir gün önce bütün mısırları kesip toplamıştı, bu yüzden kötü ruh bula bula yararsız köklerle saplar buldu. Öfkeden küplere binerek oradan uzaklaştı.

Köylü de, "İşte böyle, tilki avlayacaksan tilkiden kurnaz olacaksın," diyerek hazinesini aldı, sevine sevine eve döndü.

ralanlı öykü

Şimdi size bir şey anlatacağım: Geçen gün iki kızarmış tavuğun uçtuğunu gördüm, başları havada, kuyrukları yerdeydi! Bir demirci örsüyle bir değirmen taşı, hafifçe hem de ağır ağır uçarak Ren Irmağı'nın üstünden geçtiler! Ağustos ortasında bir kurbağa buzun üstünde oturmuş bir karasabanı kemirmekteydi. Üç arkadaş tavşan avlamak istiyorlardı; koltuk değnekleriyle cambaz sırıklarına binip yola çıktılar! Biri sağır, biri kör, üçüncüsü dilsizdi, dördüncüsü derseniz ayağını oynatamıyordu! Ne olduğunu bilmek ister misiniz? Kör adam tavşanı tarlalar üzerinde koştuğunu gördü, dilsiz olanı topala seslendi, o da tavşanı yakaladı!

Birkaç kafadarın canı toprak üzerinde yelken açmak istemişti, böylece demir aldılar ve kırların üzerinden süzülüp geçtiler; ama yüksek bir dağın tepesine tırmanmak isteyince feci biçimde boğuldular. Bir yengeç kirpi avına çıkmıştı, inek kardeş de bir damın üstüne tırmanmış, yan gelip yatmıştı. Bütün bunların geçtiği ülkede sinekler keçi boyundadır.

Kuzum, şu pencereleri açın da bütün bu yalanlar uçup gitsin!

genç trampetçi

Günün birinde genç bir trampetçi deniz kıyısında tek başına dolaşıyordu. Birden kumların üzerinde üç parça çamaşır gördü. "Ne güzel keten çamaşırlar," diyerek parçalardan birini alıp cebine koydu, sonra evine döndü. Bulduğu çamaşır aklından silinmişti bile. Gece olunca yatağına girip yattı. Tam uykuya dalacağı sırada bir ses duyar gibi olarak başını kaldırdı. Kulak kabartınca hafif, tatlı bir sesin kensine seslendiğini açıkça duydu. "Trampetçi, trampetçi, uyan!" diyordu ses. Genç çocuk dört bir yanına bakındıysa da hiçbir şey göremedi, çünkü ortalık karanlıktı. Gene de başının üzerinden bir şeyler uçuşur gibiydi.

Sonunda delikanlı, "Ne istiyorsun?" diye sordu.

Ses, "Bana gömleğimi geri ver," dedi. "Hani şu deniz kıyısında bulup aldığın gömlek."

"Gömleğini geri veririm; ama önce bana kim olduğunu söyle."

"Ben bir kral kızıyım; ama yazık ki bir büyücü beni tutsak aldı ve billur bir dağın içine hapsetti. Her gün iki kız kardeşimle birlikte denizde yıkanmama izin veriyor. Ama gömleğim olmazsa uçup gidemem. Kız kardeşlerim her zamanki gibi kaçıp gittiler; ama ben burada kaldım. Yalvarırım sana, gömleğimi hemen geri ver."

Trampetçi, "Kalbini ferah tut, zavallı çocuk," dedi. "Şimdi veriyorum." Böyle diyerek gömleği cebinden çıkarıp uzattı. Kız hemen çamaşırını kapıp gitmeye davrandıysa da genç çocuk, "Dur biraz," dedi. "Belki sana yardım edebilirim."

Ses, "Bana yardım edebilmen için billur dağa tırmanıp büyücüyü alt etmen gerek," diye karşılık verdi. "Ama sen oraya gidemezsin, gitsen de dağa tırmanamazsın."

"Meramın elinden hiçbir şey kurtulamaz," dedi trampetçi. "Sana acıyorum, hiçbir şeyden de korkmuyorum. Yalnız, bu billur dağa nereden gidiliyor?"

Ses, "Yol devlerin yaşadığı büyük ormandan geçiyor," dedi. "Sana daha fazlasını söylemeye cesaretim yok." Ve böyle diyerek uçup gitti.

Sabahleyin tan atarken genç trampetçi kalktı, trampetini boynuna astı ve yola çıkarak hiç korkusuz ormana daldı. Epey bir süre dev mev görmeden yol aldıktan sonra, "Bari uyuyanları uyandırayım," diye düşündü. Sopasını kaldırarak trampetini neşeyle çaldı. Bu sesi duyan çevredeki kuşlar dallardan havalandılar ve biraz ötede, yerde yatmış uyumakta olan bir dev homurdanarak ayağa kalktı. Boyunun uzunluğu bir çam ağacı kadar vardı.

"Sefil bacaksız!" diye gürledi. "Kulağımın dibinde trampetini çalıp beni tatlı uykumdan uyandırmanın ne âlemi var?"

Çocuk, "Peşimden gelen binlerce kişiye yol göstermek için trampet çalıyorum," diye yanıtladı.

Dev, "Bu insanların benim ormanımda ne işleri var?" diye terslendi.

Trampetçi, "Ormanın içinde yol almaya ve senin gibi canavarları ortadan kaldırmaya geliyorlar," diye karşılık verdi.

"Hadi oradan! Karınca gibi ezer geçerim ben onları."

Çocuk, "Sen onlarla baş edebileceğini mi sanıyorsun?" diye dudak büktü. "Birini ezmeye kalksan yüzlercesi tepene çıkar. Geceleyin sen yatmış uyurken onlar çalı diplerinden çıkıp gelerek senin üstüne tırmanırlar. Zaten hepsinin de kuşağında çelikten bir çekiç olduğuna göre senin beynini dağıtmaları işten bile değildir."

Bu duyduklarından müthiş korkmuş olan dev içinden, "Bu kurnaz kişilere bulaşırsam beni pişman edebilirler," diye geçirdi. "Gerçi kurtları, ayıları boğabilirim; ama bu solucan gibi yaratıkların üstünden gelemem." Sonra trampetçiye dönerek, "Merak etme yavru, sana ve arkadaşlarına ilişmeyeceğim," dedi. "Bir istediğiniz varsa hiç çekinmeden, söyleyin. Size yardım etmek benim için zevktir."

Trampetçi, "Benim bir isteğim var," diye yanıtladı. "Senin bacakların çok uzun, benden çok daha hızlı koşabilirsin. Ben trampetimde peşimdeki arkadaşlar için bir 'geri dön' havası çalayım, sen de beni omzuna al, billur dağa çıkar."

Dev, "Hadi omzuma bin, tırtıl," dedi. "Seni istediğin yere götüreyim."

Delikanlı devin omzuna binince trampetini var gücüyle çalmaya başladı. "Bu, peşimdekilerin geri dönmesi için işarettir," diyordu.

Biraz sonra ikinci bir dev daha uyandı ve bizim çocuğu ilk devin omzundan alarak ceketinin yakasındaki düğme deliğine yerleştirdi. Çocuk, ona tabak kadar büyük gelen düğmeye tutunmuş keyifle dört bir yanına bakınıyordu. Bir süre yürüdükten sonra karşılarına çıkan üçüncü bir dev çocuğu düğme deliğinden alarak şapkasının kenarına koydu. Çocuk burada dolaşarak çevredeki manzaraları seyrediyordu. Derken ta uzaktan parlak bir dağ görünce herhalde billur dağ olsa gerek, diye düşündü. Gerçekten de öyleydi. Dev birkaç adımda dağın eteğine vardı, burada trampetçiyi şapkasından indirerek yere bıraktı. Çocuk onun kendisini dağın doruğuna götürmesini istediyse de

dev, olmaz, gibilerden başını sallayarak arkasını döndü ve bir şeyler homurdanarak oradan uzaklaştı.

İşte böyle, zavallı trampetçi billur dağın eteğinde tek başına kalakalmıştı. Karşısındaki dağ, üst üste duran üç tepe yüksekliğinde ve ayna gibi dümdüzdü, bu yüzden çocukcağız buna nasıl tırmanacağını bilemiyordu. Gözünü karartıp tırmanmaya yeltendiyse de hepsi boşunaydı, çünkü ayağını dağın yamacına atmasıyla aşağı kayması bir oluyordu. "Ah, keşke kuş olsaydım!" diye ünledi. "Ama boş yere vahvahlanmanın ne yararı var? Keşke demekle kanatlanılmaz!"

Böyle düşünüp dururken biraz ötede kavgaya tutuşmuş iki adam gördü. Hemen onların yanına yürüdü, aralarındaki anlaşmazlığın ne olduğunu sordu. Meğer adamlar bir eyerin başında kavga ediyorlarmış çünkü yerde duran eyerin, ikisi de kendisine ait olduğunu ileri sürüyormuş. Bizim çocuk, "Amma da aptalsınız!" diye güldü. "Bir eyerin başında birbirinize girmişsiniz, oysa atınız yok." Adamlardan biri, "Bu eyerin başında kavga etmeye değer," diye karşılık verdi. "Çünkü bunun üstüne oturan kişi dilediği yere gidebilir, canı isterse dünyanın öbür ucuna uçabilir. Eyer ikimizin müşterek malıdır, ama şimdi binme sırası bende. Gelgelelim bu herif beni engellemeye çalışıyor."

Trampetçi, "Ben sizin anlaşmazlığınızı şimdi çözümlerim!" diyerek ilerledi ve yere beyaz bir değnek

sapladı. "Hadi, ikiniz de buraya doğru koşun; ilk ge-
len eyere önce binecek!"

İki adam hemen bir koşu kopardılar; ama onlar
daha birkaç adım anca gitmişlerdi ki trampetçi pire
gibi eyerin üstüne sıçradı ve billur dağın doruğuna
çıkmayı dilemesiyle kendini orada bulması bir oldu.
Dağın üzerinde geniş bir ova, ovanın orta yerinde
taştan yapılma eski bir köşk vardı. Bu köşkün önün-
de balıklı bir havuz, arkasında da karanlık bir orman
göze çarpıyordu. Görünürde ne bir insan vardı ne
de bir hayvan. Rüzgârın ağaçlar arasında çıkardığı
harıltıdan başka ses duyulmuyor ve gökyüzünden
bembeyaz bulutlar geçiyordu. Genç çocuk gitti, evin
kapısına vurdu; üçüncü vuruşta kapı açıldı ve eşikte
esmer yüzlü, kızıl gözlü bir ihtiyar belirdi. Kadın,
gözündeki gözlüğün ardından trampetçiyi dikkatle
süzdükten sonra, "Ne istiyorsun?" diye sordu.

Trampetçi her zamanki gözü pekliğiyle, "Barınak
ve yiyecek istiyorum," diye yanıtladı.

Kadın da, "Olur," dedi. "Yalnız, benim için üç iş
yapacaksın."

"Neden olmasın?" dedi trampetçi. "Ben işten
korkmam, ne kadar zor olursa olsun."

Bunu duyan kadın onu içeri aldı, ona güzel bir
yemek, sonradan da temiz bir yatak verdi.

Ertesi sabah trampetçi uyandığı zaman kocakarı
ona o buruşuk parmağından çıkardığı yüzüğü uzattı.

"Al şunu. Bununla havuzun suyunu boşaltacaksın. Akşamdan önce bu iş bitmiş olmalı. Hem de havuzdan çıkan balıkları cinslerine göre sıralayacaksın."

Trampetçi, "Ne tuhaf bir iş!" dedi, gene de yüzüğü alıp havuz başına gitti, suyu boşaltmaya girişti; ama küçücük bir yüzükle ne kadar su boşaltabilirsiniz, yüz yıl çalışsanız bile? Öğle olunca delikanlı işi bırakıp havuz başına oturdu, çünkü çalışsa da çalışmasa da hiçbir şeyin değişmeyeceği belliydi.

Biraz sonra evden bir kız gelerek ona yemek getirdi. "Neden oturuyorsun burada?" diye sordu. "Derdin nedir?"

Trampetçi başını kaldırınca onun çok güzel bir kız olduğunu gördü. "Heyhat!" dedi içini çekerek. "Bana verilen ilk işi bile yapamıyorum, bundan sonrakileri nasıl becerebilirim? Oysa bir kral kızını kurtarmaya gelmiştim. Bu dolaylarda oturduğu söyleniyordu; ama bulamadım onu, yoluma devam etmeliyim."

Kız, "Burada kal, ben sana yardımcı olurum," dedi. "Yorulmuşsun, başını kucağıma koy da uyu biraz; uyandığında işin tamamlanmış olacak."

Trampetçi hiç nazlanmadı! O gözlerini yumup uykuya dalar dalmaz kız da parmağında taşıdığı dilek yüzüğünü burarak, "Su dışarı! Balıklar, dışarı!" diye konuştu. O böyle der demez havuzun suları buharlaşıp göğe yükselerek bulutlara karışmaz mı? Balıklar deseniz havuzun kenarına sıçradılar ve cinslerine göre sıraya girdiler.

Bir süre sonra bizim trampetçi uyanıp da işinin tamamlanmış olduğunu görünce şaşkınlıktan nerdeyse dilini yutuyordu. Hemen kıza teşekkür etti, kız da ona, "Bak," dedi. "Balıklardan biri arkadaşları gibi sıraya girmemiş, ayrı duruyor. Bu akşamüzeri evdeki kocakarı buraya gelip de sana bu balığın neden böyle ayrı durduğunu soracak. Sen de balığı alıp onun suratına fırlatmalı ve 'Al sana, koca cadı!' diye bağırmalısın."

Böylece, akşamüzeri ihtiyar kadın havuz başına gelerek bu soruyu sorduğu zaman delikanlı ayrı duran balığı alıp onun suratına fırlattı. Kadın bunun ayırdına varmamış gibi hiç sesini çıkarmadı, hain hain trampetçiye bakmakla yetindi.

Ertesi sabah trampetçi kalkınca kocakarı ona, "Dünkü işin pek hafifti, bugün sana daha zor bir görev vermeliyim," dedi. "Bütün ağaçlarımı keseceksin. Sonra da kütükleri yaracak, odun haline getirip desteleyeceksin. Hem de bu iş akşamdan önce bitmeli."

Böyle diyerek ona bir balta, bir çekiç ve iki takoz verdi. Balta kurşundan, ötekiler de tenekeden olduğu için trampetçi ağaç kesmeye girişince birincisi ikiye büküldü, öbürleri de birbirine yapıştı. Çocukcağız ne yapacağını bilemeyerek bir kütüğün üzerine oturup kalmıştı ki dünkü genç kız öğleüzeri gene ona yemek getirdi, sonra da onu avuttu. "Başını kucağıma yasla da uyu," dedi. "Uyandığında işin tamamlanmış olacak."

Delikanlı uyuyunca güzel kız gene parmağındaki dilek yüzüğünü burdu ve anında koca orman müthiş bir uğultuyla yerlere yıkıldı. O kocaman kütüklerin kendi kendilerine parçalara ayrılmalarını, sonra da üst üste yığılmalarını görseydiniz görünmez devlerin balta salladığını sanırdınız!

Trampetçi uyandığı zaman kız ona, "İşte bak bütün odunlar kesilip destelenmiş durumda," dedi. "Yalnızca bir tek dal hepsinden ayrı duruyor. Şimdi bu akşam kocakarı gelip de sana bunun nedenini sorduğu zaman dalı alıp onun suratına vurarak, 'Al sana, koca cadı!' diyeceksin."

Akşamüzeri ihtiyar kadın gelip de odun destelerini gördüğü zaman, "Bak, sana verdiğim iş nasıl da hafifmiş!" dedi. "Ama şu dal neden böyle ayrı yerde duruyor?" Trampetçi de dalı eline alıp, "Al sana, koca cadı!" diyerek kadının yüzüne çarptı.

Kadın gene bunu anlamamış gibi yaparak şeytansı bir kahkaha atmakla yetindi ve, "Yarın bütün odunları bir tek küme yapacak, sonra da tutuşturup yakacaksın," dedi.

Trampetçi günle beraber kalkarak gene çalışmaya girişti; ama tek bir insan koskoca bir ormanı nasıl bir araya yığabilir? Çocuğun işi hiç biteceğe benzemiyordu. Neyse ki o güzel kız onu unutmadı. Öğleüzeri gene yemek getirdiği zaman onu dizine yatırıp uyuttu. Trampetçi uyandığı zaman o günkü işi de bitmiş durumdaydı. Odun yığınlarının oluşturduğu koca bir dağ tutuşmuş, yalazlar gökyüzünü tutmuştu. Genç kız, "Şimdi beni iyi dinle," diye konuştu. "Kocakarı akşamüzeri buraya geldiği zaman senden acayip bir şey isteyecek. Onun istediğini hiç korkmadan yerine getir, sana hiçbir zarar gelmeyecek. Ama korkuya kapılırsan yangının alevlerine yem olursun. Sonunda onun dediklerini yerine getirdikten sonra, kocakarıyı tut ve ateşin içine at."

Kız böyle diyerek gitti, güneş battığı zaman da ihtiyar kadın çıkageldi. "Of, of soğuktan donuyorum," dedi. "Aa, işte ısınmak için ateş! Pek hoş, doğrusu!" Sonra trampetçiye döndü, "Bak, yalazların içinde hiç yanmamış bir odun var, onu alıp bana getiriver. Hadi, bunu yaparsan sana özgürlüğünü veririm, dilediğin yere gidebilirsin, yalnız çabuk ol."

Trampetçi bir an bile duraksamadan yalazların arasına daldı. Şaşılacak şey, ateş ona hiç dokunmuyor, saçının bir kılını bile yakmıyordu! Delikanlımız ortadaki odunu alıp çıkardı, cadının ayağı dibine koydu; ama odun yere değer değmez güzel bir kıza dönüşmez mi? Bu, trampetçiye üç gündür yemek getiren kızdı. Üzerindeki şahane giysilerden çocuk onun kral kızı olduğunu anladı.

Ne var ki cadı karı gene şeytansı bir kahkaha atarak, "Ona kavuştuğunu sanıyorsun, değil mi? Ama yağma yok!" diye bağırdı ve kızı tutmaya yeltendi;

ama trampetçi hemen onu iki eliyle kıskıvrak kavradığı gibi alevlerin orta yerine attı. Alevler, böyle bir cadalozu yakmaktan keyif duyarcasına çatırdayarak onu yalayıp yuttular.

O zaman kral kızı trampetçiye baktı, bu yakışıklı gencin onu kurtarmak için hayatını tehlikeye atmış olduğunu düşünerek elini ona uzattı ve, "Benim için çok şey göze aldın, ben bunu karşılıksız bırakamam. Bana sadık kalacağına, benden asla vazgeçmeyeceğine söz verirsen eşim olursun. Kimseye muhtaç kalmadan, varlıklı bir yaşam sürebiliriz, çünkü bu ihtiyar cadının evindeki hazine bize bol bol yeter," dedi.

Böyle diyerek delikanlıyı elinden tutup eve götürdü ve orada üst üste yığılmış duran sandıkları gösterdi ki bunların hepsinin içi hazinelerle doluydu. İki genç altınlarla gümüşlere ilişmediler bile, yalnızca elmaslarla incileri aldılar. Billur dağın tepesinde daha fazla oyalanmak istemediklerine göre genç adam sihirli eyere binip gitmelerini önerdi. Genç kız, "Bu eski püskü eyere neden binecekmişiz?" dedi. "Şu parmağımdaki yüzüğü çevirmem yeter, istediğimiz yere gidebiliriz."

Trampetçi, "Peki, öyleyse kent kapısına gitmemizi dile," dedi.

Göz açıp kapayana dek kendilerini kent kapısında buldular. Trampetçi burada kıza, "Önce gidip havadisi annemle babama vermem gerek," dedi. "Beni burada bekle, hemen dönerim."

"Peki ama onları gördüğünde sakın ola ki sağ ya-naklarından öpme. Yoksa beni unutursun, ben de bu tarlada tek başıma kalakalırım."

Genç çocuk, "Ben seni nasıl unutabilirim?" dedi ve kısa zamanda döneceğine söz vererek gitti. Baba evine vardığında onu kimse tanıyamadı. O kadar de-ğişmişti ki! Çünkü billur dağda geçirdiği zaman as-lında üç gün değil üç yıldı. Ama trampetçi çok geçme-den onlara kendini tanıttı. Annesiyle babası sevinçten uçarak onu kucakladılar, o da onların sevgi ve sevin-cinden öylesine duygulandı ki ikisini de iki yanağın-dan öptü ve sevgili prensesini anında unuttu.

Trampetçi cebindeki elmaslarla altınları boşalttı-ğı zaman annesiyle babası akıllarını şaşırdılar, bunca servetle ne yapacaklarını bilemediler. Önce ormanlar, bahçeler, çayırlarla sarılı, krallara layık, şahane bir şato yaptırdılar. Sonra da oğullarına, "Sana eş olabi-lecek bir kız arayıp bulduk; üç gün içinde evleniyor-sun," dediler.

Efendime söyleyim, genç trampetçi bütün bu olup bitenlerden son derece memnundu; ama zavallı prenses yas içindeydi. Kent kapısının önündeki tarla-da sevgilisi dönüp gelsin diye saatler saati beklemiş, sonunda onun herhalde annesiyle babasını sağ ya-naklarından öperek onu unutmuş olacağına inanmıştı. Babasının sarayına dönmek istemeyerek ücra bir ormana çekildi. Her gün kente girerek trampetçinin evinin önünden geçiyordu; fakat trampetçi onu kaç kez gördüğü halde tanımıyordu. Derken günün birinde trampetçinin evlenmek üzere olduğu kulağına çalındı ve güzel kız onun sevgisini yeniden kazanabilmek için bir deney yapmaya karar verdi.

Düğünün ilk günü kararlaşır kararlaşmaz prenses parmağındaki dilek yüzüğünü burarak, "Güneş kadar parlak bir elbise istiyorum," dedi. Anında ayağının dibine, güneş ışınlarından örülmüşçesine ışıl ışıl bir elbise serildi! Genç kız bunu giydi, davetlilerin hepsi geldikten sonra o da balo salonuna girdi. Güzelliğiyle elbisesi bütün gözleri kamaştırmıştı. Hatta trampetçinin giyime kuşama pek meraklı olan nişanlısı, kızın yanına giderek, "Bu güzel elbiseyi bana satar mısın?" diye sordu.

Kız, "Para karşılığında değil; ama damadın odasının yanındaki odada bir gece yatabilmenin karşılığında veririm," diye yanıtladı.

Gelin adayı elbiseye sahip olma isteğine karşı koyamadığı için bu koşula razı oldu; ama o akşam trampetçinin şarabına etkili bir uyku ilacı kattı. Herkes uykuya yatıp da ortalıktan el ayak çekilince güzel prenses trampetçinin kapısını aralayarak usulca seslendi:

Trampetçi, trampetçi,
Ne çabuk unuttun beni!
Anımsa o billur dağı,
Kötü yürekli cadıyı,
Bana verdiğin sözleri
Anımsa, trampetçi!

Ama çabası boşunaydı, trampetçi uyanmadı ve sabah olunca prenses, çaresiz, oradan ayrılmak zorunda kaldı. O akşam gene parmağındaki dilek yüzüğünü çevirerek, "Ay gibi gümüş renginde bir elbise istiyorum," dedi ve daha sözleri bitmeden ay ışığına benzer bir elbise ayakları dibine serildi. O gece baloda gelin adayı bu elbiseye de göz koydu ve bizim prenses gene geceyi trampetçinin odasının yanındaki odada geçirmeye karşılık elbiseyi ona verdi. Ve gene bir gece önceki olaylar yaşandı.

Ne var ki şatonun hizmetçileri yabancı kızın sözlerini duymuşlardı. Bunu gidip trampetçiye anlattılar. Onun geceleyin hiçbir şey duymadığını çünkü nişanlısının ona uyku ilacı içirdiğini de söylediler.

Üçüncü gece prenses dilek yüzüğünden yıldızlar gibi şıkır şıkır bir elbise istedi. Bu elbiseyi giyip baloya gittiği zaman gelin adayı öyle hayran kaldı ki bu elbiseyi de istedi. Kız gene damadın odasının yanında bir gece geçirmeye karşılık elbiseyi ona verdi. Ancak, o gece trampetçi ilaçlı şarabı içmeyerek döktü ve bu

sayede kapıdan kendine seslenen o tatlı sesi duyabildi:

Trampetçi, trampetçi,
Ne çabuk unuttun beni!
Anımsa o billur dağı,
Kötü yürekli cadıyı
Bana verdiğin sözleri
Anımsa, trampetçi!

Bu sesi duyar duymaz belleği yerine gelen genç adam, "Eyvah!" diye inledi. "Ben sana bunu nasıl yapabildim? Ama isteyerek olmadı. O sevinç anında annemle babamı sağ yanaklarından öptüğüm için her şey aklımdan silindi!" Hemen prensesi elinden tutarak annesiyle babasının odasına götürdü. "İşte benim gerçek eşim!" dedi. "Öbür kızla evlenirsem herkese büyük haksızlık etmiş olurum."

Annesiyle babası olup bitenlerin öyküsünü dinleyince ona hak verdiler. Böylece ışıklar yeniden yandı, davullar zurnalar yeniden çalındı, davetliler yeniden şatoya geldi ve mutlu, görkemli bir düğün yapıldı.

Öbür gelin adayına gelince; o birbirinden güzel üç elbiseye sahip olmuş ve bunlar onu, gerçekten evlenmişçesine sevindirmişti.

mezar nöbeti

Evvel zaman içinde bir akşamüzeri zengin bir çiftçi evinin önünde durmuş, bahçelerini, tarlalarını seyrediyordu. Mısırlar, buğdaylar iyice tanelenmiş, dallar meyvelerin ağırlığından yerlere sarkmıştı. Ambarlar geçen yıldan artan tahıllarla öylesine doluydu ki tavan atkıları neredeyse çökmüştü. Çiftçi şimdi de hayvan damına gitti ve buradaki besili inekleri, sığırları, şahane binek atlarını gözden geçirdi. Buradan evine girerek altın ve gümüş dolu sandıklarını saydı. Sahip olduğu bütün bu zenginlikleri düşünürken birden bir vuruş sesi duyuldu. Hayır, evinin değil yüreğinin kapısı çalınıyordu! Çiftçi kulak kabarttı ve bir sesin kulağına şöyle fısıldadığını duydu:

"Bu varlığını hiç iyilik için kullandın mı, yoksulların dertlerine eğildin mi? Ekmeğini açlarla bölüştün mü? Elindekilerle yetindin mi yoksa hep daha çoğunu mu istedin?"

Yüreği bu sese hiç duraksamadan karşılık verdi: "Herkese karşı katı yürekli, acımasız davrandım ben, kimseye bir hayrım dokunmadı. Kapıma gelen yoksullara sırt çevirdim, Tanrı'yı falan da düşünmedim, yalnızca kendimle ilgilendim, servetimi daha da artırmak peşinde koştum; ama şu gökkubbenin altındaki her şey benim olsa gene yetinmez, dahasını isterdim!"

Bu düşünceler kafasından geçer geçmez çiftçi müthiş bir korkuya kapıldı, dizlerinin bağı çözülerek oturmak zorunda kaldı. Tam o sırada ikinci bir tıklama oldu; ancak bu kez onun yüreğinin değil evinin kapısına vuruluyordu. Gelen komşusuydu, yoksul bir adam. Çoluk çocuğunun karnını doyuramayan bir zavallı. İçinden, "Komşum çok zengindir; ama çok da pintidir," diye düşünmüştü. "Bana yardım edeceğini hiç sanmıyorum; fakat çocuklarım öyle aç ki ona başvurmaktan başka çarem yok." Şimdi de zengin adamı karşısında görünce, "Komşum biliyorum, sen yoksullarla pek ilgilenmezsin," dedi. "Gene de senden başka gidebileceğim kimse yok. Çocuklarım evde aç, bana dört ölçek mısır unu veremez misin?"

Zengin çiftçi uzun bir an onu süzdü. Hayatı boyunca hiç bilmediği bir şey, güneş ışını gibi bir acıma duygusu, bencilliğinin buz dağını eritmeye başlamıştı. "Sana dört ölçek un vermeyeceğim," dedi zengin adam. "Sekiz ölçek vereceğim, yalnız bir şartım var."

Yoksul komşusu, "Nedir bu?" diye sordu.

"Öldüğüm zaman üç gece mezarımın başında bekleyeceksin."

Bu koşul yoksul adamı içten içe çok tedirgin etmişti, gene de öyle zor durumdaydı ki razı oldu, komşunun istediği sözü verdi ve unu alarak evine döndü.

Zengin çiftçinin, başına gelecekler içine doğmuş olsa gerekti, çünkü aradan üç gün geçince birden fenalaşarak yere düşüp öldü. Görkemli geçen cenaze töreninden sonra yoksul komşu ona vermiş olduğu sözü anımsadı. İçinden kaytarmak geliyordu; fakat kendi kendine, "Adamcağız beni kapısından boş çevirmedi, bana yardım eli uzattı," diye düşündü. "Zaten söz de verdim, tutmam gerek."

Böylece gece olup ortalıktan el ayak çekilince kabristana gitti ve komşusunun mezarının üstüne oturup sabaha kadar nöbet tuttu. Ortalık sessizdi. Ay parlıyor, bir baykuş arada o hüzünlü sesiyle öterek bir ağaçtan öbürüne uçuyordu. Güneş doğar doğmaz yoksul adam evine döndü, akşama kadar uyudu. İkinci gece de gene mezar başında bekledi. Ancak, üçüncü gece mezarlığa gittiği zaman korkudan tüyleri diken diken oldu, çünkü duvarın üzerinde bir karaltı oturmaktaydı! Bu şimdiye kadar hiç görmemiş olduğu birisiydi. Yüzündeki kırışıklar onun genç olmadığını gösteriyordu; ama gözleri çok parlaktı. Uzun, bol bir pelerine bürünmüştü, ayağında da yüksek konçlu çizmeler vardı.

Bizim köylü, "Sen kimsin, burada ne arıyorsun?" diye sordu ona. "Bu ıssız mezarlıkta korkmuyor musun?"

"Ne bir şeyden korkarım ne de bir şey isterim," dedi yabancı adam. "Oldum olası yoksulumdur; ama gocunmam bundan. Olup olacağı eski bir askerim, buraya gecelemek için geldim, çünkü gidecek başka yerim yok."

Köylü, "Madem korkmuyorsun burada kal da bana can yoldaşı ol," dedi. "Şu mezarın başında nöbet tutacağım da,"

Adam, "Nöbet tutmak asker görevidir," dedi. "Bunu birlikte yapalım, başımıza ne gelirse birlikte göğüsleyelim."

Köylü onun bu sözlerine sevindi. İki adam mezar tümseğinin üzerine yan yana oturdular. Gece yarısına kadar çevreye derin bir dinginlik hakimdi, derken birden iki adam havada bir çatırdı duydular, karşılarında kötü bir ruh belirdi.

"Defolun burdan, zibidiler!" diye bağırdı kötü ruh. "Bu mezarda yatan adam bana aittir, onu götürmeye geldim. Hemen buradan toz olmazsanız kafanızı koparırım."

Asker, "Kızıl tüylü zorba, sana boyun eğmeyeceğim, çünkü sen benim komutanım değilsin," dedi. "Sen toz ol buradan, biz kalıyoruz."

Bu sözleri duyan kötü ruh karşısındakileri kolay kolay yıldıramayacağını anlayarak, "Para önerirsem belki yola gelirler," diye düşündü. Sesini ve tutumunu yumuşatarak, "Bir kese altın vereyim de evinize gidin," dedi.

Asker de, "Eh, bu öneriyi düşünmeye değer," diye karşılık verdi. "Ama bir kese altına kesinlikle olmaz. Şu çizmelerimden birinin içini altınla doldursan biz meydanı sana bırakıp evimize gideriz."

Kötü ruh, "Benim pek fazla altınım yok, gene de istediğinizi vereceğim," dedi. "Komşu kasabada bir banker var, yakın arkadaşım olur; istediğim kadar altını bana verecektir."

Kötü ruh böyle diyerek gözden kayboldu. O gider gitmez asker sol ayağındaki çizmeyi çıkararak, "Şimdi ona dünyanın kaç bucak olduğunu göstereyim de görsün," dedi. "Bana şu çakını versene, kardeş,"

Asker, çizmesinin tabanını kesip çıkardı, sonra çizmeyi boş bir mezar çukurunun kenarındaki otların arasına dik olarak yerleştirdi. "İşte oldu. O kömürcü çırağı artık gelebilir."

Gerçekten de kötü ruh biraz sonra geri geldi; elinde bir torba altın tutuyordu. Asker yerdeki çizmeyi azıcık kaldırarak, "Doldur bakalım," dedi. "Ama o torbadakiler bu işe yetmez."

Ruh torbadaki altınları çizmenin içine boşalttı; ama dibi delik olduğu için çizmede hiçbir şey kalmadı. Bunun üzerine asker, "Aptal şey!" dedi. "Ben sana demedim mi yetmez diye? Hadi, koş daha fazla altın getir!"

Kötü ruh başını sallayarak gitti, bir saat sonra daha büyük bir torba altınla döndü. Asker gene, "Doldur bakalım," dedi. "Ama bana kalırsa bu altınlar da yetmeyecek."

Ruh altınları çizmenin içine şıngır mıngır boşalttı, sonra eğilip baktı; ama çizme hâlâ boştu. Ruh yüzünü buruşturdu, o kızıl gözleri ateş püskürerek, "Senin postalların da amma büyükmüş!" diye söylendi.

Asker, "Benimkiler insan ayağı, oğlum, seninkiler gibi keçi ayağı değil," dedi. "Hadi artık, cimriliğin yetti, git de biraz daha altın getir yoksa anlaşmamız geçersiz sayılır."

Kötü ruh üçüncü kez gitti, iki saat sonra geri geldi. Sırtında, ağırlığından onu adeta iki büklüm etmiş bir çuval vardı. Bunun içindeki altınları şakırdatarak boşalttı; ama çizme hâlâ bomboş duruyordu. Bunu görünce ruh öfkeden kudurarak çizmeyi yerden kapmaya davrandı; ama tam o sırada güneşin ilk ışıkları tepenin üstünden vurmaz mı? Ruh, çaresiz, çığlık çığlık bağırarak kaçmak zorunda kaldı. Bu sayede zengin adama da mezarında huzur içinde yatmak nasip oldu.

Köylü, ruhun getirdiği altınları paylaşmaktan yanaydı; ama asker, "Hayır," dedi. "Benim payıma düşenleri yoksullara dağıt. Yalnız izin verirsen seninle evine geleyim, ömrümüzün geri kalan yanını orada, huzur içinde geçirelim."

Rinkrank

Evvel zaman içinde bir kral, bu kralın da çok güzel bir kızı vardı. Günün birinde Kral adamlarına billurdan bir dağ kurdurttu ve "Hiç tökezlemeden bu dağın tepesine tırmanabilen, kızımın kocası olacak," diye buyurdu. Şimdi, Kral'ın kızını candan seven bir genç onunla evlenebilmek için huzura çıkmıştı. Kral ona, "Evet, şu karşıki dağın tepesine hiç tökezlemeden çıkarsan kızım senindir," dedi.

Kral'ın kızı da bu genci sevdiği için, "Ben de seninle geliyorum; ayağın kayarsa seni tutarım," dedi. Böylece iki genç el ele koşarak dağı tırmanmaya başladılar. Ne var ki yamacın yarışına geldikleri zaman Kral'ın kızı sendeleyerek düştü. Billur dağ yarılıp açıldı, Prenses de buradan içeri yuvarlandı. Sevgilisi onun nereye gittiğini anlayamadı, çünkü dağın yarığı yeniden kapanmıştı.

O zaman zavallı genç saçını başını yolup ağlamaya başladı. Kral da çok üzülmüştü. Kızını düştüğü yerden kurtarabilmek için dağı yıktırdı, gene de prensesi bulamadılar.

Bu arada Kral'ın kızı yeraltının ta derinlerindeki kocaman bir mağaranın içine düşmüştü. Burada karşısına, sakalı ayaklarına kadar inen yaşlı bir adam çıkarak, "Benim kölem olur, her dediğimi yaparsan hayatta kalabilirsin," dedi. "Yoksa seni ortadan kaldırırım." Zavallı Prenses de onun her dediğini yapmaya razı oldu.

Sabahları ihtiyar adam ip merdivenini cebinden çıkarıp dağın yamacına dayayarak tırmanıyor, yukarı çıktığı zaman da merdiveni çekip alıyordu. Aşağıda, mağarada kalan Prenses adamın yemeğini pişirmek, yatağını toplamak, bütün ev işlerini yapmak zorundaydı. Adam akşamları eve döndüğünde bir sürü altın ve gümüş getiriyordu.

Aradan yıllar geçti. Adam Prenses'i Manstrot Ana adıyla çağırıyor, onun da kendisine Rinkrank demesini istiyordu. Prenses ondan kurtulup evine dönmek niyetinden hiç vazgeçmemişti.

Bir gün Rinkrank gittikten sonra Prenses gene her zamanki gibi bulaşıkları yıkayıp ev işlerini yaptı, sonra bütün kapılarla pencereleri sımsıkı kapadı. Yalnız, dışarki ışığın içeri girmesini sağlayan küçük bir deliği açık bırakmıştı. Akşamleyin koca Rinkrank eve dönünce kapıya vurarak, "Aç kapıyı, ben geldim!" diye seslendi.

Ama prenses, "Yok, açmayacağım, Rinkrank," diye yanıtladı.

O zaman Rinkrank ona şöyle seslendi:

Ben zavallı Rinkrank'ım,
Başımdan aşkın derdim,
Manstrot Ana, bulaşığı yıkasana!

Prenses, "Bulaşığı çoktan yıkadım," diye karşılık verdi. Bunun üzerine ihtiyar şöyle dedi:

Ben zavallı Rinkrank'ım,
Başımdan aşkın derdim,
Manstrot Ana, yatağımı yapsana!

Prenses de, "Yatağını çoktan yaptım!" diye karşılık verdi. Bunun üzerine Rinkrank ona gene seslendi:

Ben zavallı Rinkrank'ım,
Başımdan aşkın derdim,
Manstrot Ana, şu kapıyı açsana!

Prenses kapıyı açmayınca Rinkrank koşarak evin çevresini dolaştı. Tam o sırada kapatılmamış olan deliği gördü. "Şuradan içeri bakayım, bakalım, neden bana kapıyı açmıyor, neler yapıyor," diye düşünerek kafasını delikten içeri sokmaya çalıştı; ama başaramadı. O da önce sakalını içeri sokmaya karar verdi. Sakalını dibine kadar delikten içeri sarkıtmıştı ki prenses deliğin kapağını sımsıkı kapayınca Rinkrank kıskıvrak ökseye tutulmuş oldu. Canı öylesine yanıyordu ki bağırıp çığlık atmaya, "Bırak beni, gideyim," diye yalvarmaya başladı.

Prenses de, "Merdiveni bana verirsen bırakırım," diye yanıtladı.

Bunun üzerine Rinkrank ister istemez merdivenin yerini ona söylemek zorunda kaldı. Prenses deliğin kapağına uzun bir ip bağladı, sonra merdiveni dağın yamacına dayadı. Merdiveni tırmanıp tepeye çıktığı zaman ipi çekerek kapağı açtı ve Rinkrank'ın serbest kalmasını sağladı.

Sonra babasının sarayına gitti ve başından geçenleri ona anlattı. Kral kızının geri gelişine müthiş sevindi. Prenses'in sevgilisi de bunca yıldır onu beklemekteydi. Böylece gidip dağda kazı yaptılar, hem Rinkrank'ı hem de Rinkrank'ın altınlarıyla gümüşlerini buldular. Kral, ihtiyarı öldürterek hazinesini kendi sarayına taşıttı. Prenses sevgilisiyle evlendi, hep birlikte, mutluluk ve bolluk dolu bir yaşam sürdüler.

Kristal Top

Evvel zaman içinde bir büyücü kadının üç oğlu vardı. Bu üç kardeş birbirlerine çok düşkündüler. Ancak, anneleri onlara bir türlü güvenemiyordu; onların, gücünü elinden almak istediklerinden kuşkulanıyordu. Bu yüzden en sonunda en büyük oğlunu bir kartala dönüştürdü ve onu yalçın bir dağ silsilesinin tepesinde, göklerde dolanıp durmaya mahkûm etti. Şimdi herkes bu şahane kuşun ta havalarda halkalar çevirerek döndüğünü görebiliyordu.

Büyücü kadın ortanca oğlunu bir balinaya dönüştürmüştü. O da denizin derinlerinde yaşıyor ve herkes onun arada yüzeye çıkarak havaya kocaman bir su fıskıyesi püskürttüğünü görebiliyordu.

Bu iki kardeşin günde iki saat insan biçimini almalarına izin vardı. Üçüncü oğlansa, annesinin kendisini ayı, aslan falan gibi bir vahşi hayvana dönüştürmesinden korkarak evden kaçmıştı. Altın Güneş Şatosu'nda efsunlanmış bir prensesin yaşadığını ve kendini büyüden kurtaracak olan kahramanı beklediğini biliyordu. Birçok genç bu amaçla yollara dökülmüşlerdi ama yirmi üç tanesi bu uğurda canından olmuş, yalnızca bir genç canını zar zor kurtararak yolculuğun korkunç öyküsünü başkalarına anlatmıştı. Büyücünün üçüncü oğlu korku nedir bilmediği için bu efsunlu şatoyu arayıp bularak Prenses'i kurtarmaya karar verdi. Az gitti, uz gitti, dere tepe düz gitti, en sonunda uçsuz bucaksız bir ormana geldi. Gece gündüz dolaşmasına karşın ormandan bir türlü çıkamadı. Derken bir gün uzaktan el ederek kendisini çağıran iki dev gördü. Onlara yaklaşarak ne istediklerini sordu.

Devler delikanlıya bir şapkanın başında kavga ettiklerini söylediler. İkisi eşit güçte oldukları için şapkayı birbirlerinin elinden alamıyorlarmış. Şimdi kararı onun vermesini istiyor, "Senin gibi ufak tefek kişiler çok akıllı ve uyanık olur," diyorlardı.

Bizim genç, "Bu eski püskü şapkanın kavgaya değecek nesi var ki?" diye sordu.

Devler, "Sen bu şapkanın harikulade niteliklerini bilmiyorsun," dediler. "Bir dilek şapkasıdır bu, başına giyen kişi nereye isterse oraya gidebilir."

Genç, "Verin öyleyse bana," dedi. "Biraz öteye gideyim, siz de yarışa tutuşmuş gibi bana doğru koşun, ilk gelene şapkayı vereyim."

Devler buna razı oldular, genç de şapkayı başına geçirerek yürümeye başladı. Ancak, aklına şatodaki prenses düşünce devleri unutarak yürümesini sürdürdü. Bir ara derin derin içini çekerek, "Ah, şimdi Altın Güneş Şatosu'nun karşısında olsaydım!" diye mırıldandı. Mırıldanmasıyla kendini yüce bir dağın doruğunda, göz kamaştıran bir şatonun karşısında bulmasın mı? Büyük kapıdan şatoya girdi, sıra sıra odalardan geçerek en sonuncu odaya ulaştı ve Prenses'i burada buldu.

Ama onu görünce neredeyse dilini yutuyordu çünkü Prenses'in yüzü kırışık içindeydi, gözleri ta çukurlara batmıştı, saçları da kıpkırmızıydı!

Genç, "Güzelliği dillerde gezen kral kızı sen misin?" diye sordu ona.

Prenses, "Heyhat! Bu benim gerçek görüntüm değil," diye inledi. "Ölümlülerin gözleri beni ancak bu halimle görebilir; ama sen benim gerçek halimi görmek istersen hiç yalan söylemeyen aynaya bak, orada yüzümü ve güzelliğimi olduğu gibi göreceksin."

Böyle diyerek Prenses gence bir ayna uzattı ve genç çocuk bu aynada dünyanın en güzel kızının yüzünü gördü. Onun o solgun yanaklarından aşağı süzülen gözyaşlarını bile görebiliyordu.

"Seni nasıl kurtarabilirim?" diye sordu. "Bil ki ben hiçbir tehlikeden yılmam."

"Kristal topu ele geçirip sihirbazın karşısına getiren kişi onun sihir gücünü kırmış olacaktır, o zaman ben de gerçek hâlime döneceğim. Ama ne yazık ki bu uğurda şimdiye kadar birçok genç hayatını kaybetti. Beni kurtarmak için bütün o tehlikeleri göze alırsan senin yasını da tutarım."

Delikanlı, "Hiçbir güç beni o tehlikelere atılmaktan alıkoyamaz," dedi. "Sen bana yalnız ne yapmam gerektiğini söyle."

"Her şeyi anlatacağım sana," dedi Prenses. "Bu dağın eteğine inecek, orada bir yabanöküzü göreceksin. Onunla boğuşmalısın. Şansın var da onu öldürürsen ölüsü ateşten bir kuşa dönüşecektir. Kuşun gövdesinin içinde de ateş gibi sıcak bir yumurta var; işte bu yumurta sözünü ettiğim kristal topu oluşturur. Kuş zorlanmadıkça yumurtayı bırakmayacaktır. Ama bıraktığı zaman yumurta yere düşerse yanar ve çevresindeki her şeyi de yakıp kül eder. Böylece kristal top ortadan kalkar, senin onca zahmetin de boşa gitmiş olur."

Bunları dinleyen genç hemen dağdan aşağı indi ve orada gerçekten de bir yabanöküzüyle karşılaştı. Öküz onu görür görmez böğürüp burnundan soluyarak saldırıya girişti. Uzun bir boğuşmanın sonunda bizim genç kılıcını öküzün böğrüne saplamayı başardı ve azgın hayvan, cansız bir şekilde yere yığıldı. Aynı anda öküzün leşi ateşten bir kuşa dönüştü ve hemen havalandı. Uçup gidecekti; ama tam o sırada havada bir kartal belirdi. Bu, delikanlının kartala dönüşmüş olan ve o dolaylardan geçen büyük ağabeyiydi. Kartal hemen ateşten kuşa saldırdı ve onu denizin üzerine doğru kovaladı. Ateşten kuş kartaldan kaçmaya çalışırken yumurtasını düşürdü.

Yumurta denize değil de kıyıdaki bir balıkçı kulübesinin damına düştü. Düşmesiyle tutuşması bir olduğu için kulübenin damı da alev aldı. Ama bu da nesi? Tam o sırada denizden püsküren büyük bir su fıskıyesi kulübenin üstüne fışkırarak yangını söndürmez mi? Bunu sağlayan da delikanlının balinaya dönüşmüş olan ve mutlu bir rastlantıyla tam o sırada oradan geçen ortanca ağabeyiydi.

Yangın söner sönmez genç çocuk yumurtayı arayıp buldu. Yangının üstüne serpilen soğuk deniz suyu yumurtanın kabuğunu çatlatmıştı. Bu sayede bizim genç kristal topu yumurtanın içinden çıkarmakta hiç güçlük çekmedi.

Bu topu hemen şatoya götürerek sihirbaza gösterdi. Kristal topu gören sihirbaz, "Sen benim gücümü mahvettin; Altın Güneş Şatosu'nun Kralı bundan böyle sensin!" dedi. "Ağabeylerini de artık insan hâllerine döndürebilirsin."

Bunu duyan genç, hemen Prenses'in yanına döndü. Onun içeri girmesiyle genç kızın tüm eski güzelliğini kazanması bir oldu. İki genç büyük bir sevinçle birbirlerine sarıldılar. Sonra da evlenip çok mutlu olduklarını söylemeye gerek yok sanırım.

Küçük Hanım Maleen

Evvel zaman içinde bir kralın bir oğlu vardı, başka bir kralın kızını seviyor, onunla evlenmek istiyordu. Ancak, kızın babası olan kral bu evliliğe izin vermedi, çünkü kızının başka biriyle evlenmesini kararlaştırmıştı. Ama adı Küçük Hanım Maleen olan Prenses de genç Prens'i sevdiği için babasına, "Ben prensimden başkasıyla evlenemem, evlenmeyeceğim," diye kestirip atmıştı. Bunu duyunca kral babası öyle kızdı, öyle kızdı ki içine ne güneşin ne de ayın ışığı sızmayacak kadar karanlık bir kule yaptırttı. Kızına da, "Yedi yıl burada hapis yatacaksın," dedi. "Yedi yılın sonunda eğer inadından caymışsan dışarı çıkabilirsin."

Kuleye yedi yıllık yiyecek ve içecek taşındı, Prenses ile oda hizmetçisi içeriye atıldı ve üzerleri tuğlayla örüldü. İki kız şimdi zifir karanlığında yalnız kalmışlardı. Kulenin içi öyle karanlıktı ki gündüzle gecenin arasındaki ayrımı bilmiyorlardı artık. Prens hemen her gün gelip onlara sesleniyordu; ama onlar hiçbir şey duymuyorlardı, çünkü kulenin kalın duvarlarından içeri hiç ışık sızamadığı gibi ses de giremiyordu. Ellerinden ne gelirdi ki ağlayıp sızlamak ve bahtsızlıklarına yanmak dışında?

Böylece yıllar gelip geçti. Küçük Hanım Maleen ile hizmetçi kız, yiyecekleriyle içeceklerinin azalmasından, hapis sürelerinin dolmakta olduğunu anlıyordu. Yakında herhalde serbest bırakılacak olsalar gerekti; ama ne bir çekiç ne bir kazma gürültüsü ne de bir insan sesi duyabiliyorlardı. Sanki kral onları orada unutmuştu!

Ancak birkaç günlük yiyecekleri kalıp da açlıktan ölmek tehlikesiyle yüz yüze geldikleri zaman Prenses hizmetçisine, "Daha fazla bekleyemeyiz!" dedi. "Duvarı delmeye çalışmalıyız artık."

Böyle diyerek ekmek bıçağını eline aldı, kule duvarındaki taşlardan birinin çevresindeki harcı kazımaya girişti. O yorulduğu zaman bıçağı hizmetçi kız alıyordu. Uzun çabalardan sonra bir taşı yerinden oynatmayı başardılar, sonra bir taş, bir taş daha... Böylece üçüncü günün sonunda kule duvarında açılan delikten içeri bir güneş ışını girdi! İki kız deliği biraz daha büyüterek dışarıya baktılar. Gökyüzü masmaviydi, yüzlerini okşayan tatlı bir rüzgâr esiyordu; ama gördükleri manzara nasıl da hüzün vericiydi! Kralın şatosu harabe halindeydi ve gözle görülebilen bütün köyler, kasabalar yanıp yıkılmıştı. Tarlalar birer yangın yeriydi ve görünürde hiç insan yoktu.

Zamanla duvardaki deliği içinden geçebilecek kadar büyüttüler ve dışarıya çıktılar; ama nereye gidecek, ne yapabileceklerdi? Düşmanlar bütün ülkeyi mahvetmişler, kral ve halkını ya öldürmüş ya da tutsak almışlardı. Bu yüzden Küçük Hanım Maleen ile hizmetçisi yollara düştüler, sığınabilecekleri bir ülke aramaya başladılar. Ama nereye giderlerse gitsinler kimse onlara barınacakları bir yer, karınlarını doyuracak bir lokma aş vermiyordu. Onlar da ısırganotlarının yanık saplarını yemek zorunda kalıyorlardı.

Uzun, zahmetli bir yolculuktan sonra nihayet bayındır bir kente geldiler. Önlerine çıkan her evin kapısını çalarak iş aradılarsa da ne iş ne de aş bulamıyorlardı. Sonunda kendilerini kral sarayının kapısı önünde buldular. Burada aşçıbaşı onlara isterlerse mutfakta hizmetçi olarak çalışabileceklerini söyledi.

Efendime söyleyim, bu kralın oğlu, Küçük Hanım Maleen'in sevgilisi olan Prens'ten başkası değildi. Babası onu başka bir kızla nişanlamıştı ki bu, yüzü çirkin olduğu kadar yüreği de kötü bir kızdı. Düğün günü kararlaştırılmış olduğu için şimdiden nişanlısının şatosuna gelmişti, ama çirkinliğini hiç kimse görmesin diye odasına kapanmış, dışarı çıkmıyordu.

Küçük Hanım Maleen gelin adayına yemek götürmekle görevlendirilmişti. Nihayet genç nişanlıların kiliseye gidecekleri gün gelip çattı. Ancak, gelin adayı yüzünü gösterirse ahalinin onunla alay edeceğinden, çirkinliğinin dillere düşeceğinden korkuyordu.

Bu yüzden Küçük Hanım Maleen'e o sabah, "Başına devlet kuşu kondu, şanslı kız!" dedi. "Ayağımı burktuğum için ben bu sabah kiliseye gidemeyeceğim, çünkü yürüyemiyorum. Bu yüzden sen benim gelinliğimi giyecek, benim yerime kiliseye gideceksin. Bundan daha büyük şans olur mu? Ne mutlu sana!"

Fakat, Küçük Hanım Maleen bu öneriyi geri çevirerek, "Bana ait olmayan şerefi istemem," dedi.

Prens'in nişanlısı ona altın vermek istedi; ama Prenses buna da razı olmadı. Sonunda gelin adayı, "Dediğimi yapmazsan pişman olursun," dedi. "Bu şatoda benim sözüm geçer; hemen kelleni uçurturum."

Bunun üzerine Prenses onun dediğine razı olmak zorunda kalarak gelinliğini giydi, takıları taktı. Salona girdiği zaman saraylılar onun göz kamaştıran güzelliği karşısında hayran kaldılar. Kral, oğluna dönerek, "İşte senin için seçtiğim eş!" dedi. "Artık kiliseye gitmenin zamanıdır."

Prens şaşkınlıktan dilini yutmuş gibiydi. İçinden, "Bu kız tıpkı benim sevgilim Küçük Hanım Maleen'e benziyor," diye düşündü. "Hatta sevgili prensesimin o kapatıldığı kulede ölüp gitmiş olduğunu bilmesem, odur, derim!"

Prens böyle düşünerek gelin kızı elinden tuttu, birlikte kilise yolunu tuttular. Bir ara bir küme ısırganotunun önünden geçerlerken gelin kız kimsenin anlamadığı bir dilde bir türkü söyledi:

Ey ısırgan, ısırgan,
Anımsa beni.
Aç kalınca pişirip
Yemiştim seni.

Türküyü duyan Prens, "Ne dedin öyle?" diye prensese sordu.

O da, "Hiç," diye karşılık verdi. "Küçük Hanım Maleen'i düşünüyordum da."

Prens evleneceği kızın Küçük Hanım Maleen'i tanımasına öyle şaştı ki hiç sesini çıkaramadı. Kilisenin önündeki basamaklara geldikleri zaman gelin kız gene o yabancı dille bir mani okudu:

Basamaklar kırılmayın,
Beni de gelin sanmayın.

Maniyi duyan Prens, "Ne dedin öyle?" diye prensese sordu. Prenses, "Hiç, Küçük Hanım Maleen'i düşünüyordum da," diye karşılık verdi. Bu kez prens, "Sen onu tanıyor musun, yoksa?" diye sordu.

Prenses de, "Yok, nereden tanıyayım? Yalnızca ününü işittim," diye karşılık verdi. Kilisenin kapısına geldikleri zaman da bir mani daha okudu:

Kapı, kapı, yıkılma,
Beni de gelin sanma.

Prens ona üçüncü kez olarak, "Ne dedin öyle?" diye sordu. O da, "Heyhat! Yalnızca Küçük Hanım Maleen'i düşünüyordum," diye karşılık verdi.

Kapıda Prens cebinden çok değerli bir altın zincir çıkararak Prenses'in boynuna taktı. Birlikte kiliseye girdiler, papaz onları el ele tutuşturarak nikâhlarını kıydı. Törenden sonra dışarı çıkıp saraya döndüler, ama gelin kız yolda ağzını açıp tek söz söylemedi. Saraya varır varmaz hemen gelin odasına koştu, üstündeki gelinlikle takıları çıkarıp kendi hizmetçi kılığını giydi. Yalnız sevgilisinin kilise kapısında boynuna taktığı zinciri alıkoydu.

Gece olup da damadın gelin odasına gireceği saat gelince çirkin kız, oyunu anlaşılmasın diye peçesini yüzüne örttü. Baş başa kaldıkları zaman Prens kıza, "Isırganotlarına ne demiştin?" diye sordu.

"Ne ısırganotu?" dedi kız. "Ben ısırganotuyla falan konuşmadım."

Prens bunu duyunca, "Öyleyse sen benim gerçek eşim değilsin," diye karşılık verdi.

Kız da hemen oradan çıktı, gidip hizmetçisini buldu, ısırganotlarına ne dediğini sordu. Küçük Hanım Maleen türküsünü ona da söyledi:

Ey ısırgan, ısırgan,
Anımsa beni,
Aç kalınca pişirip
Yemiştim seni.

Çirkin kız bunu ezberleyerek hemen Prens'in karşısında yineledi. O zaman prens de, "Peki, kilise basamaklarına geldiğimiz zaman ne demiştin?" diye sordu.

Kız, şaşkın şaşkın, "Hiçbir şey!" diye yanıtladı.

"O zaman sen benim gerçek eşim değilsin," dedi prens.

Çirkin kız bunun üzerine gene hizmetçisine koşup kilise basamaklarına ne dediğini sordu, o da söylemiş olduğu maniyi yineledi:

Basamaklar kırılmayın,
Beni de gelin sanmayın.

Çirkin kız, "Bunu hayatınla ödeyeceksin!" diye bağırdı, sonra koşarak gelin odasına döndü ve hizmetçisinden işitmiş olduğu maniyi ona söyledi.

Prens bu kez de, "Peki, kilise kapısına geldiğimiz zaman ne demiştin?" diye sordu.

Kız şaşırarak, "Kapı mı?" dedi. "Kapıyla falan konuşmadım ben." Prens de, "Öyleyse sen benim gerçek eşim değilsin," dedi.

Bunun üzerine çirkin kız bir üçüncü kez hizmetçisine koşarak kilise kapısında ne dediğini sordu. Küçük Hanım Maleen kilise kapısında söylediği maniyi ona yineledi:

Kapı, kapı yıkılma,
Beni de gelin sanma!

Çirkin kız öfkesinden küplere binerek, "Kelleni uçurtacağım senin!" diye haykırdı, sonra hemen Prens'in yanına dönerek maniyi ona söyledi.

Prens, "Peki, sana kilise kapısında verdiğim zinciri nereye koydun?" diye sordu bu kez de.

Kız, "Zincir mi? Sen bana zincir falan vermedin," dedi.

"Ama zinciri senin boynuna ben kendim taktım, kopçasını kendi ellerimle ilikledim. Bunu bilmiyorsan sen benim gerçek eşim değilsin demektir!" Böyle diyerek Prens kızın yüzündeki peçeyi çekip açtı, onun müthiş çirkin olduğunu görünce, "Kimsin sen, nereden çıktın?" diye bağırdı.

Kız da, "Ben senin esas nişanlınım," diye yanıtladı. "Ortaya çıkarsam herkes benimle alay eder diye korktum, bu yüzden kiliseye kendi yerime mutfaktaki hizmetçi kızı gönderdim."

"Nerede şimdi o kız? Hemen git, getir!"

Çirkin kız dışarı çıkınca şatonun uşaklarına hizmetçi kızın bir büyücü olduğunu söyledi, "Alın götürün, kafasını kesin," diye buyruk verdi.

Uşaklar hemen kızı bulup yakaladılar, şatodan dışarı çıkarmak için sürüklemeye başladılar. Ama o, "İmdat, kurtarın!" diye öyle bir yaygara kopardı ki Prens duydu ve odasından çıkıp olay yerine gelerek kızın serbest bırakılmasını buyurdu. Meşalelerin ışığı kızın boynundaki altın zincire vurmuştu; Prens bu zinciri hemen tanıdı.

"Sen benimle kiliseye gelen gerçek gelinsin," diyerek kızı elinden tutup odasına götürdü. Baş başa kaldıkları zaman da, "Kiliseye gittiğimiz sırada sen birkaç kez eski sevgilim Küçük Hanım Maleen'in adını söyledin," dedi. "Ona o kadar benziyorsun ki onun ölüp gitmiş olduğunu bilmesem, sen Küçük Hanım Maleen'sin, derdim."

Genç kız, "Ben gerçekten de oyum!" diye yanıtladı. "Tam yedi uzun yıl o karanlık kulede kapalı kaldım, açlık, susuzluk çektim. Oradan kurtulduktan sonra da sıkıntılar, üzüntüler yakamı bırakmadı; ama hepsi sona erdi artık, bugün şansım döndü. Seninle kiliseye giden, orada nikâhı kıyılan kız sahiden de benim."

Böylece Küçük Hanım Maleen sevdiği Prens'e kavuştu ve mutlu oldu.

Kötü yürekli, çirkin kıza gelince, Prens onun kafasını uçurttu.

ölümün habercileri

Evvel zaman içinde bir gün bir dev yolda dolaş-
maktayken karşısına yabancı bir adam çıkarak, "Ol-
duğun yerde dur! Bir adım daha atma!" diye bağırdı.

Dev bunu duyunca, "Bu ne demek oluyor, solu-
can!" diye kükredi. "Yahu, ben seni iki parmağımın
arasında ezebilirim. Sen kim oluyorsun da hangi cü-
retle bana engel olmaya kalkışıyorsun?"

Yabancı, "Ben Ölüm'üm," diye yanıtladı. "Bana
kimse karşı çıkamaz. Buyruğuma boyun eğmek zo-
rundasın."

Ne var ki dev, "Hiç de değil!" diyerek onunla kav-
gaya tutuştu. Uzun ve çetin bir dövüş oldu; ama so-
nunda dev Ölüm'ü yenmeyi başardı, onu yere yıkarak
kendi yoluna gitti.

Tozların arasına yığılıp kalmış olan Ölüm bir
süre yerinden kalkamadı. İçinden, "Ne olacak bu işin

sonu?" diye düşünüyordu. "Yeryüzünde hiç kimse ölmezse bir süre sonra insanlar soluk alacak yer bulamazlar."

Tam o sırada karşı yolda genç bir adam göründü. Güçlü, gürbüz bir gençti ve neşeli bir ıslık çalarak yürüyordu. Yerde bitkin yatan adamı görünce hemen yanına koşup kaldırdı, cebindeki şişeden ona biraz konyak verdi, iyice kendine gelinceye kadar onun başında bekledi.

Ölüm kendini toparlayınca genç adama, "Yardım ettiğin, yeniden ayağa kaldırdığın kimsenin kim olduğunu biliyor musun?" diye sordu.

"Yoo," diye genç adam. "Seni hiç tanımıyorum."

"Ben Ölüm'üm, elimden kimse kurtulamaz. Zamanı gelince sana da el koymak zorundayım. Ne var ki nankör olmadığımı göstermek için senin canını almaya habersiz gelmeyeceğim, daha öncesinden sana habercilerimi yollayacağım."

Genç adam, "Anlaştık," dedi. Geleceğini bana daha öncesinden haber verirsen ben de senden kaçınmanın yolunu elbet bulurum."

Böyle diyerek gene neşeyle ıslık çala çala yoluna devam etti.

Yıllar yılı genç adam sağlıklı, varlıklı, rahat bir yaşam sürdü. Ancak, gençlikle sağlık sonsuza kadar sürmez. Bir zaman sonra onun da hayatında sıkıntılar, hastalıklar başladı. Geceleri rahat uyuyamamaktan

yakınıyordu. "Nasılsa ölmeyeceğim," diyordu kendi kendine, "çünkü Ölüm bana önceden habercilerini gönderecek. Ama şu hastalıklarla sıkıntıların da bir sonu gelse!"

Günlerden bir gün böyle düşünürken kapısına vuruldu. Adam gidip bakınca bir de ne görsün? Karşısında Ölüm durmuyor mu?

"Gel benimle," dedi Ölüm. "Bu dünyadan ayrılmanın saatidir."

Adam, "Nasıl olur?" diye bağırdı. "Bana verdiğin sözden dönüyor musun yoksa? Hani önceden habercilerini gönderecektin bana? Haberci falan görmedim ben."

"Sus!" dedi Ölüm. "Ben sana sürüyle haberci yolladım. Yadsıyamazsın. Ateşler içinde yanıp titreyerek mecalsiz düşen sen değil miydin? Baş dönmeleri çekmedin mi, kulaklarında vınlamalar duymadın mı? Gözlerinin feri sönmedi mi? Sırtın, bacakların ağrıyarak dizlerin kesilmedi mi? Bütün bunlar bir yana, geceleri yatağına yatıp gözlerini yumduğun zaman üvey kardeşim uyku sana beni anımsatmadı mı?"

Bunlara verecek yanıt bulamayan adam, çaresiz, kaderine boyun eğdi ve yürüyüp Ölüm'le birlikte gitti.

parmak çocuk'un
serüvenleri

Bir zamanlar bir terzinin bir oğlu vardı. Bu çocuk öylesine ufacık tefecikti ki herkes ona Parmak Çocuk diyordu. Çocuk boyundan posundan umulmayacak derecede, akıllı ve yürekli bir delikanlıydı. Günün birinde babasının karşısına geçerek, "Babacığım, seyahat edip dünyayı görmek istiyorum," dedi. "Bunu mutlaka yapmaya kararlıyım."

"Çok haklısın, yavrucuğum," dedi babası. "Yanına bir yorgan iğnesi al, ucuna bir parça balmumu yapıştır, böylece kendini savunman için bir kılıcın olur."

Parmak Çocuk kılıcını hazırlarken babası onunla son bir kez yemek yemek istiyordu. Karısının ne pişirdiğine bakmak için mutfağa gitti.

"Yemekte ne var?" diye sordu karısına.

Kadın, "İşte ocağın önünde duruyor," dedi.

O sırada mutfağa gelmiş olan Parmak Çocuk da

yemek tenceresinin içine bakmak için ocağın kenarına tırmanmıştı. Ama boynunu fazla uzattığı için yemekten yükselen buharlara kapılarak bacadan uçtu gitti!

Bir süre havada uçtuktan sonra başka bir kentte yere kondu ve buradaki bir terzinin yanına çırak olarak girdi. Gelgelelim bu terziyle karısı cimriydiler; Parmak Çocuk karnını doğru dürüst doyuramıyordu. Sonunda terzinin karısının karşısına geçerek, "Sofraya daha iyi yemek çıkarmazsan yarın sabah buradan ayrılıyorum," dedi. "Kapınızın üstüne de tebeşirle şöyle yazacağım: 'Çok patates, az et! Bu ne rezalet!'"

Kadın, "Demek öyle yapacaksın ha, seni çekirge!" diye bağırarak o hışımla bulaşık bezini kaptığı gibi çocuğa çarpmaya davrandı. Gelgelelim bizimki hemen pire gibi zıplayarak bir dikiş yüzüğünün altına gizlendi, oradan kadına dilini çıkardı. Kadın yüzüğü alarak onu yakalamaya çalıştıysa da o bu kez de masanın üzerindeki bir budak deliğine sokuldu, "Keh, keh, koca ana!" diyerek kadına nanik yaptı. Kadın onu yakalamak için elini uzattığı zaman da Parmak Çocuk kendini hemen çekmecenin içine attı. Buradan bir yere kaçamayacağı için terzinin karısı nihayet onu yakaladı ve kapı dışarı etti.

Küçük dostumuz gene yollara düştü ve bir süre sonra karanlık bir ormana vardı. Burada bir haydutlar çetesiyle karşılaştı. Haydutlar kralın hazinesini soymayı planlıyorlardı. Parmak Çocuk'u görür görmez, "Bu minnacık çocuk çok işimize yarayabilir," diye düşündüler. "Anahtar deliğinden içeri girer, maymuncuk gibi kapıyı açar bize." Bunun üzerine içlerinden biri ona seslendi:

"Merhaba, dostum! Bizimle birlikte kralın hazine dairesine gelir misin? Sen kolayca içeri girer, oradaki altınlarla gümüşleri bize verebilirsin."

Parmak Çocuk bir süre düşündü, sonra, "Neden olmasın?" diyerek onlarla birlikte saraya gitmeye razı oldu.

Hazine dairesine gidince kapıyı dikkatle gözden geçirdi ve sonunda tahtaların arasında, zar zor sığıp içeri girebilecek bir çatlak buldu. Tam buradan içeriye girmek üzereyken kapıdaki nöbetçilerden biri onu görerek arkadaşına, "Şu kenardaki iğrenç örümceğe bak!" dedi. "Hemen ezivereyim."

"Bırak zavallıcığı!" dedi arkadaşı. "Kimseye bir zararı yok."

Böylece tehlikeyi şans eseri atlatan Parmak Çocuk hazine odasına girmeyi başardı. Pencereyi açtı ve aşağıda bekleyen haramilere gümüş paraları birer birer atmaya başladı. Kendini bu işe iyice kaptırdığı sırada kapı açılıp da içeriye Kral'ın ta kendisi girmez mi? Parmak Çocuk apar topar bir köşeye gizlendi.

Kral hazinesinden epey gümüş eksilmiş olduğunu görerek çok şaşırdı, bunun nasıl olduğunu anlayamadı çünkü kapı da pencere de sımsıkı kapalıydı. Kral başını sallayarak dışarı çıktı ve nöbetçilere, "Gözünüzü dört açın!" dedi. "Hazineye bir hırsız dadanmış galiba."

Kral uzaklaşınca Parmak Çocuk gene işe girişti. Gelgelelim dışardaki askerler içeriden gelen para şıkırtılarını duydular, kapıyı açarak içeriye daldılar. Neyse ki Parmak Çocuk onların geldiğini duymuştu. Hemen bir altın paranın altına sokularak saklandıj. Oradan, "Ben buradayım!" diye nöbetçilere seslendi. Onlar sesin geldiği yere koşunca bizimki başka bir köşeye sinerek, "Huhu, buradayım!" diye bağırdı. Nöbetçiler bu kez oraya yönelince Parmak Çocuk başka bir yerden, "Hoho, burdayım!" diye güldü. Böylece onları oradan oraya koşturup sersemleterek bir süre dalgasını geçti. Sonunda nöbetçiler bu koşuşmadan yorgun düştüler ve başlarını sallayarak dışarı çıktılar.

Parmak Çocuk da altınları pencereden haramilere atmayı sürdürdü ve hazineyi tamtakır bıraktı. Kendi de en son altın paranın üstüne binerek aşağı uçtu, haydutların arasına indi. Haydutlar onu övüp göklere çıkararak, "Sen yaman bir yiğitsin, bizim reisimiz olur musun?" dediler.

Parmak Çocuk, "Ben seyahat edip dünyayı göreceğim," diyerek bu öneriyi geri çevirdi. Haydutlar hazineyi aralarında bölüştüler, ama Parmak Çocuk yalnızca bir çeyrek altın aldı çünkü daha fazlasını taşıyamazdı.

Bundan sonra Parmak Çocuk kılıcını yeniden kuşandı ve haramilerle vedalaşarak gene yollara düştü. Bulduğu ustalara başvurarak iş istiyordu, ama hiç kimse ona iş vermiyordu. En sonunda bir handa garson olarak çalışmaya başladı. Gelgelelim burada da

hizmetçi kızlarla geçinemedi. Kızlar onu göremediği halde o kızları görebildiği için onların her yaptığını biliyor, sonra da gizlice aşırdıkları yiyecekleri, yaptıkları haylazlıkları han sahibine yetiştiriyordu. Nihayet kızlar da kendi aralarında anlaştılar, ona ders vermek için bir oyun oynamaya karar verdiler.

O sabah içlerinden biri bahçedeki otları biçerken dışarı haşarı Parmak Çocuk'un biraz ötede, papatyadan papatyaya sıçrayarak eğlendiğini gördü. Hemen araya giderek papatyaları, üzerinde Parmak Çocuk'la birlikte biçtiği gibi bir deste yaptı, götürüp ahıra, kara ineğin önüne attı. İnek papatya destesini öyle bir yalayıp yuttu ki Parmak Çocuk bir anda ineğin midesini boyladı!

Bundan hiç memnun kalmamıştı. İneğin midesi zifiri karanlıktı, bizimki çevresini göremiyordu. Biraz sonra bir hizmetçi kızın ineği sağmaya geldiğini duyunca, "Hey! Kovan ne zaman dolacak?" diye bağırdı; ama kovaya akan sütün sesi onun sesini bastırdı. Kız onu işitmeden sütü alıp çıktı.

Biraz sonra han sahibi ahıra gelerek, "Bu inek yarın kesilecek," diye söylendi. Bunu duyan Parmak Çocuk büyük bir korkuya kapıldı, tiz sesle, "Önce beni buradan çıkartın!" diye bağırdı. "Hey, duyuyor musunuz, çıkartın beni burdan!"

Han sahibi onun sesini duymuştu. "Neredesin sen?" diye sordu.

Parmak Çocuk, "Karanlık yerdeyim," diye yanıtladı. Ama han sahibi onun ne demek istediğini anlayamayarak ahırdan çıkıp gitti.

Ertesi sabah kara ineği kestiler. Parmak Çocuk bu işlemlerden şans eseri yara almadan kurtuldu; ama bu kez de sucuk yapımı için ayrılan etlerin arasına karışmıştı. Kasap etleri kıymaya başlar başlamaz bizimki, "Çok ince kıyma! Çok ince kıyma!" diye bağırmaya başladıysa da kıyma makinesinin harıltısı arasında sesini duyuramadı. İnsan zorda kalınca yaratıcı olurmuş ya, bizimki de şimdi, çaresiz, kafasını çalıştırdı ve olanca çevikliğiyle ordan oraya atlayarak makineden kıyılmaksızın kurtulmayı başardı. Ama kıymalarla birlikte sucuk yapılmak üzere bir zara sarılmaktan kurtulamadı. Sucukları kurutmak üzere ocağın içine, bacanın önüne astılar.

Parmak Çocuk bu sıkışık durumundan hiç hoşnut değildi, öylece asılıp durmaktan canı da sıkılıyordu. En sonunda onun içinde bulunduğu sucuğu bir müşteriye sunmak üzere aldılar. Hancının karısı sucuğu dilimlerken Parmak Çocuk kesilmemek için bir köşeye büzüldü, sonra ilk fırsatta zıplayıp koşarak kaçtı. Bu handa hiç rahat etmemiş, mutlu olmamıştı, o da buradan hemen ayrılarak gene yola çıkmaya karar verdi.

Gelgelelim burada da rahatı uzun sürmedi. Bir tarladan geçerken karşısına çıkan bir tilki onu bir hamlede ağzıyla kapıverdi. Parmak Çocuk onun gırtlağının içine tutunarak, "Sayın Bay Tilki, boğazına kaçarsam hiç işine yaramam!" diye seslendi. "Ne olur, gene dışarı çıkar beni!"

Tilki, "Haklısın, dişimin kovuğuna bile gitmezsin," dedi. "Babanın kümesindeki tavukları bana vereceğine söz verirsen seni bırakırım."

"Söz!" dedi Parmak Çocuk. "Babamın kümesindeki bütün tavuklar senin olacak."

Bunun üzerine tilki onu dışarı çıkardı ve sırtında taşıyarak evine götürdü. Yaşlı terzi sevgili oğlunu gene karşısında görünce öyle sevindi, öyle sevindi ki kümesindeki bütün tavukları hemen tilkiye verdi. Parmak Çocuk da cebindeki çeyrek altını çıkarıp babasına uzatarak, "Bak, sana ne güzel bir altın getirdim!" dedi.

■ ■ ■

"İyi ama o zavallı tavukları neden tilkiye verdiler?"

"Ne saçma soru! Baban da seni geri alabilmek için kümesteki bütün tavukları feda etmez miydi?"

HIrSIZ Damat

Bir zamanlar bir değirmencinin dünya güzeli bir
kızı vardı. Değirmenci, kızının iyi bir evlilik yapmasını
istiyordu. Günün birinde çok zengin olduğu anlaşılan
bir adam gelerek kızı babasından istedi. Değirmenci
de hakkında olumsuz bir şey bilmediği için onu kızıy-
la nişanladı. Gel gör ki kanı bir türlü ona ısınmamıştı;
ona güvenemiyordu da. Ona her bakışında, onu her
görüşünde içini karamsarlık bürüyor; ama kızcağız
bunu babasına bir türlü anlatamıyordu.

Bir gün adam ona, "Sen benim nişanlımsın; ama
hiç evime gelip beni ziyaret etmiyorsun," dedi.

Kız da, "Evinizin nerde olduğunu bilmiyorum ki!"
diye yanıtladı.

"Evim ormanın en ortasındadır."

"Yolu bilmediğim için gelmeye kalkarsam kaybo-
lurum."

Adam bu mazareti kabul etmeyerek, "Bu pazar beni görmeye gel," dedi. "Başka konuklar da çağırdım. Ormanda kaybolmayasın diye yoluna kül serpeceğim."

Pazar günü kızcağız nişanlısının evine gitmek için yola çıktığı zaman çok keyifsizdi; içinde nedenini bilmediği bir sıkıntı vardı. Ceplerini fasulye ve nohut taneleriyle doldurmuştu. Dönüş yolunu bulabileceğinden iyice emin olmak için bunları küllerin iki yanına serperek ilerledi. Küller onu ormanın ta derinlerine götürdü ve birden karşısına ıssız bir ev çıktı. Evin öyle kasvetli, öyle sevimsiz bir havası vardı ki zavallı kızın içinden ağlamak geldi. Gene de kendini zorlayarak içeri girdi; ama ortalıkta kimseleri göremedi. Evin içinde derin, ürpertici bir sessizlik egemendi. Kız ne yapacağını bilemeyerek öyle dururken kulağına birden bir şarkı sesi geldi:

Evine dön, ey güzel kız,
Buradakiler katil, hırsız.

Kız şaşkınlıkla çevresine bakınınca şarkıyı, duvarda asılan bir kafesin içindeki kuşun söylediğini gördü. Şimdi kuş gene şakıdı:

Evine dön, ey güzel kız,
Buradakiler katil, hırsız.

Kız bütün evi oda oda dolaştı; ama her yer bomboştu, görünürde bir Tanrı'nın kulu yoktu. Son olarak kız mahzene indi. Burada bumburuşuk yüzlü, ihtiyar bir kadın oturmaktaydı. Kız onu görünce, "Bana söyleyebilir misiniz, acaba nişanlım burada mı oturuyor?" diye sordu.

"Vah zavallı güzel kız!" dedi koca nine. "Ne zaman evleniyorsun? Bu evin katil ini, hırsız yatağı olduğunu bilmiyor musun? Sen gelin olup düğün yapmayı kuruyorsun; ama bilmiyorsun ki aslında ölümle evleneceksin! Bak, şu kaynattığım kazan dolusu suyu görüyor musun? "Ellerine geçersen seni de hiç gözünün yaşına bakmadan keserler, pişirip yerler çünkü onlar aynı zamanda yamyamdır. Ben acıyıp da seni kurtarmazsam işin bitik demektir."

Böyle diyerek koca nine kızı büyük bir fıçının arkasına sakladı. "Sakın çıt çıkarma, yerinden kıpırdama, yoksa kazanı boylarsın," diye tembihledi. "Geceleyin, haydutlar uykuya dalınca ikimiz birden kaçarız. Ben de çoktandır böyle bir fırsat arıyordum."

O sözlerini bitirmişti ki haydut çetesi soygundan döndü. Yanlarında bir de zavallı kız getirmişlerdi; onun çığlıklarını, yalvarışlarını kahkahalarla karşılıyorlardı, üç bardak şarap içirdiler ona; biri kırmızı, biri beyaz, biri sarı. Bunu içer içmez kızcağız baygın yere yığıldı. Fıçının arkasında saklanmış duran nişanlı kıza gelince, o korkusundan tir tir titremekteydi.

Bu arada haramilerden biri yerdeki kızın parmağında altın bir yüzük görmüştü. Bunu çıkarmaya çalıştı, beceremeyince bir satır aldığı gibi parmağı kökünden kesiverdi. Ama satırı öyle hızlı vurmuştu ki kesik parmak fırlayıp uçarak fıçının arkasına, tam da nişanlı kızın kucağına düştü. Haydut eline bir şamdan alarak dört bir yanı aradıysa da parmağı bulamadı. Arkadaşlarından biri, "Fıçıların arkasına baktın mı?" diye sordu.

Bunu duyan ihtiyar kadın hemencecik, "Aman, siz de, sofraya gelin artık, yemeğiniz soğuyor," dedi. "Parmak kaçacak değil ya, elbet buluruz."

Haydutlar, "Haklısın, kocakarı," diyerek parmağı aramaktan vazgeçip sofraya oturdular.

İhtiyar kadın hazırlamış olduğu çok etkili bir uyku ilacını yemeğe karıştırmıştı. Bu yüzden haramiler karınlarını doyurunca çok uykuları geldiğini söylediler ve yere uzanıp horul horul uyumaya başladılar. O zaman nişanlı kız fıçının arkasından çıktı, yerde yan yana yatmakta olan haydutların üzerinden dikkatle atlayarak koca ninenin yanına gitti. Koca nine de kapıyı açtı. Tanrı'nın yardımıyla, hiçbir aksiliğe uğramadan evden çıktılar ve bu katiller ininden son hızla uzaklaştılar.

Rüzgâr yoldaki külleri savurup götürmüştü; ama nişanlı kızın serptiği nohutlarla fasulyeler yerli yerinde duruyor, ay ışığında açıkça görünüyordu. Bu sayede ormanda yollarını kaybetmeden yürümeyi

sürdürdüler ve sabahleyin güneş doğarken değirme-
ne vardılar. Burada kız olup biteni babasına anlattı.

Düğün için kararlaştırılmış olan gün gelip çatınca
hırsız damat da değirmenin kapısında belirerek dü-
ğünün yapılmasını istedi. Bunun üzerine değirmenci
bütün akrabalarıyla komşularını çağırdı, bir şölen
sofrası kurdurttu. Şölen sırasında konuklar eğlen-
mek için birbirlerine başlarından geçen ilginç olayları
anlatıyorlardı. Gelin kız ise çok suskundu. Bir ara
damat, "Neden hiç konuşmuyorsun, güzelim?" diye
sordu. "Hadi, sen de bir şeyler anlat."

"Olur," dedi kız. "Gördüğüm tuhaf bir rüyayı
anlatayım sizlere... Bakın, dinleyin... Bir ormandan
geçiyormuşum, sık ve karanlık. Bir süre sonra ıssız
bir eve geldim. Evde kimse yoktu. Yalnızca duvarda
asılan bir kafesin içinde bir kuş vardı. Bu kuş insan
diliyle konuşuyormuş. Bana bakarak,

Evine dön, ey güzel kız,
Buradakiler katil, hırsız.

diye bir şarkı söyledi. Hem de iki kez söyledi bu
şarkıyı. Yaa, hayatım, böyle bir rüyaydı, işte... Sonra-
cığıma, bütün odaları bir bir dolaşıyormuşum, hepsi
de bomboşmuş, sonunda mahzene iniyormuşum,
orada oturan ihtiyar bir kadın varmış. Ben bu nine-
ye, 'Nişanlım bu evde mi oturuyor?' diye soruyorum,

o da bana, 'Vah, evladım, sen bir caniler yuvasına düştün; evet, nişanlın burada oturuyor, ama o seni öldürecek,' diyor... Yaa, hayatım, böyle bir rüyaydı, işte... Sonra bu ihtiyar kadın beni fıçının arkasına gizliyormuş, tam o sırada da harami çetesi eve dönmez mi? Bir de zavallı kız sürükleyip getirmişler. Ona üç bardak şarap içiriyorlar, biri beyaz, biri kırmızı, biri de sarı. Üçüncüsünü içince kızcağız, cansız, yere yığılıyor... Yaa, hayatım, böyle bir rüyaydı, işte... Derken, efendim, haydutlardan biri kızın parmağında bir yüzük görmüş, çıkaramayınca bir satır aldığı gibi parmağı dibinden kesmiş, parmak da o hızla havaya uçup fıçının arkasına, benim kucağıma düşmez mi? İşte, bak, o altın yüzüklü parmak!"

Böyle diyerek kız parmağı damada ve bütün konuklara gösterdi.

Onu dinlerken sapsarı kesilmiş olan hırsız şimdi hemen yerinden fırlayarak kaçmaya yeltendiyse de konuklar onu kıskıvrak yakaladılar ve götürüp yargıca teslim ettiler.

Yargıç da onu ve çetesini ölüme mahkûm etti ve böylece hepsi, yapmış oldukları sayısız kötülüklerin bedelini canlarıyla ödediler.

koca cadı

Bir zamanlar küçük bir kız çocuğu vardı; bu kız son derece dik kafalı, inatçıydı, büyüklerinin sözünü hiç dinlemezdi. Bu yüzden hiçbir zaman mutlu olamadığını tahmin edersiniz. Bir gün bu kız annesiyle babasının karşısına geçerek, "Şu koca cadıya ilişkin çok şey duydum, gidip onu görmek istiyorum," dedi. "Dediklerine göre çok harika birisiymiş, evinin içi ilginç şeylerle doluymuş. Görmeyi çok istiyorum, çok merak ediyorum, doğrusu."

Ne var ki ana-babası onun koca cadıya gitmesini yasakladılar. "O çok kötü bir cadıdır, bir sürü kötü şey yapmıştır; onun yanına gidersen bizim çocuğumuz değilsin," dediler.

Ama çocuk bu sözlere aldırış bile etmeden evden çıktı, dosdoğru cadının evine gitti.

Cadı onu görünce, "Neden böyle solgunsun?" diye sordu.

Kız, tir tir titreyerek, "Ah!" dedi. "Biraz önce gördüklerim öyle korkuttu ki beni!"

"Ne gördün, peki?" diye sordu koca cadı.

"Kapınızın önündeki merdivende kapkara bir adam gördüm."

Cadı, "Kömürcüydü o," dedi.

"Sonra da kan kırmızı bir adam gördüm."

"O da kasaptı."

"Bir de gri renkli bir adam gördüm."

"Avcıydı."

Kız, "Ama asıl ödümü koparan şey," diye sözünü sürdürdü, "sizin pencerenizden içeri bakıp da sizi değil, alev başlı bir yaratık görmek oldu."

"Demek ki sen cadıyı gerçek kılığıyla gördün," dedi cadı karı. "Ben kaç zamandır seni bekliyorum! Şimdi beni hem ısıtıp hem de aydınlatacaksın!"

Böyle diyerek kızı bir oduna dönüştürdü, sonra ateşe attı ve karşısına geçip ellerini yalazlara doğru uzatarak, "Oh! Ne güzel yanıyor!" diye keyiflendi.

TÜY KUŞU

Evvel zaman içinde bir sihirbaz vardı, dilenci kılığına girerek sokaklarda dilenmeye çıkar, evlerin önünde bulduğu küçük kız çocuklarını çalardı, ama onları nereye götürdüğünü kimsecikler bilmezdi.

Bir gün üç güzel kızı olan bir adamın evinin önünde sakat, partal bir dilenci kılığında belirdi; omzuna uzun bir torba asmıştı. Kapıyı çalarak bir dilim ekmek dilendi. Kapıyı ev sahibinin büyük kızı açmıştı. Sihirbaz ona şöyle bir dokundu, dokunmasıyla kızın torbaya girmesi bir oldu! O zaman sihirbaz koşar adımlarla hemen oradan uzaklaştı.

Bir süre sonra büyük, karanlık bir ormana girdiler ve sonunda sihirbazın evine ulaştılar. Burası şahane bir yerdi. Sihirbaz kıza, "Burada çok rahat edeceksin, çünkü bütün istediklerine sahip olacaksın," dedi.

Aradan iki gün geçti. Üçüncü sabah sihirbaz, "Benim birkaç günlüğüne evden ayrılıp bir yere gitmem gerekiyor," dedi. "Seni yalnız bırakıyorum. Al, işte evin bütün odalarının anahtarları, istediğin gibi gez, dolaş, her köşeyi gez. Yalnız, küçük anahtarla açılan bir oda var ki oraya girmen yasak. Sözümü dinlemez, bu yasağa karşı gelirsen canınla ödersin." Sonra kıza bir de yumurta vererek, "Bunu iyi sakla yanından hiç ayırma," dedi. "Yumurtaya bir şey olursa başına büyük bir felaket gelir."

Kız anahtarla yumurtayı aldı ve onun dediklerinden çıkmayacağına söz verdi. Ne var ki sihirbaz evden uzaklaşır uzaklaşmaz kızcağız merakını yenemez oldu. İlkin bütün evi, tavan arasından mahzene kadar dolaştı, sonra küçük anahtarı alarak yasak odanın kapısı açtı ve içeri girdi.

İçeri girince korkusundan donup kaldı, çünkü odanın orta yerinde içi kan dolu bir leğen durmaktaydı. Korkudan titremeye başlayınca yumurta elinden kayarak leğenin içine düşmez mi? Kızcağız yumurtayı hemen çıkarıp sildi ama boşuna! Ne kadar yıkayıp ovsa da yumurtanın üzerindeki kan lekesi çıkmıyordu.

Ertesi gün sihirbaz eve döndü ve kızdan yumurtayla küçük anahtarı istedi. Kız bunları korkudan titreyerek ona uzattı ve adam onun yasak odaya girmiş olduğunu anladı.

"Demek benim isteğime karşı gelerek o yasak odaya girmeye cüret edebildin!" dedi. "Şimdi de ben senin isteğine karşı gelerek seni o odaya kilitleyeyim de gör!" Böyle diyerek onu saçından tuttuğu gibi sürükleyerek yasak odaya soktu, kapıyı üstünden kilitledi.

Sonra kendi kendine, "Şimdi de gidip ikincisini getireyim," diye düşünerek gene dilenci kılığına girdi, kızın evine gidip kapıyı çaldı, bir dilim ekmek dilendi. Ekmeği bu kez ortanca kız getirdi. Sihirbaz onu da torbasına sokarak oradan uzaklaştı ve kendi evine döndü. Burada, büyük kızın başına gelmiş olanlar ortanca kızın da başına geldi. O da merakını yenemeyerek yasak odaya geldi ve sihirbaz eve dönüşünde onu da o odaya kilitledi.

Sonra gene dışarı çıktı ve bu kez gidip en küçük kızı kaçırdı, torbasına koyup eve getirdi. Ama bu kız akıllı ve tedbirliydi; sihirbaz ona yasak odanın anahtarıyla yumurtayı verip söyleyeceğini söyleyerek uzaklaştıktan sonra kızın ilk işi yumurtayı elinden bırakıp güvenli bir yere koymak oldu. Sonra yasak odanın kapısını açıp içeri girdi ki bir de ne görsün? İki ablası açlıktan, susuzluktan yarı ölmüş durumda orada yatmıyorlar mı? Küçük kız hemen onları kaldırdı, önlerine yemek ve su koydu. Ablaları çok geçmeden kendilerine geldiler, kurtuldukları için sevinçle küçük kardeşlerini kucaklayıp öptüler.

Sihirbaz eve dönüşünde hemen anahtarlarla yumurtayı istedi. Bunların üzerinde kan lekesi görmeyince memnun olarak küçük kıza, "Sen merakına

kapılmadın, koyduğum yasağa karşı gelmedin," dedi. "Benim eşim olacak, saltanat süreceksin, her istediğin senin olacak."

Kız da, "Peki, olur," dedi. "Yalnız benim de senden bir istediğim var. Annemle babama bir çuval altın götüreceksin, hem de sırtında taşıyacaksın bunu. Bu arada ben de düğün hazırlıklarına başlarım."

Sonra hemen, bir odaya gizlemiş olduğu ablalarının yanına döndü. "Tamam, sizi buradan kurtarıyorum artık. Hem de sihirbaz sizi sırtında taşıyacak. Sakın varlığınızı belli etmeyin, eve varır varmaz da bana yardım yollayın."

Böyle diyerek ablalarını sihirbazın torbasına koydu, üzerlerini altınla örttü, sihirbaza da, "Şimdi al şu torbayı, bizimkilere götür," dedi. "Yalnız bil ki ben pencereden senin yollarını gözleyeceğim. Onun için sakın yollarda oyalanma, hemen dön."

Sihirbaz torbayı omzuna aldığı gibi yola, gelgelelim yükü öyle ağırdı ki terler yüzünden aşağı akıyordu. Biraz sonra bir parça oturup dinlenmek istedi, ama tam o sırada torbanın içinden, "Penceremden seni görüyorum, lütfen yoluna devam et!" diye bir ses yükselmez mi? Sihirbaz bunu nişanlısının sesi sanarak hemen ayağa kalktı, yeniden yürümeye başladı. Ne zaman dinlenmek için dursa aynı sesi duyuyordu! Sonunda yorgunluktan perişan bir durumda kızların evine vardı.

Bu arada evde kalan en küçük kız düğün şölenini hazırlamış, sihirbazın dostlarını davet etmişti. Hemen iri bir şalgam aldı, bıçakla şalgamın üzerine göz ve ağız yerleri açıp boyayarak yüze benzetti, başına duvak ve çiçek takarak en üst kattaki bir pencereye yerleştirdi. Sonracığıma, kendisi bir bal fıçısının içine girdi, yatağı sökerek dışarı çıkardığı kuş tüylerinin içinde yuvarlandı ve şahane, görülmedik bir kuşa benzeyip çıktı! Bu kılıkta onu kimsecikler tanıyamazdı. Küçük kız dışarı çıkıp yürümeye başladı. Yolda rastladığı düğün çağrılıları "Nereden geliyorsun?" diye soruyorlardı.

O da, "Tüyler kralının evinden geliyorum," diye yanıtlıyordu.

Kimileri de, "Gelin kız ne yapıyor?" diye soruyordu.

Bizim kız bunlara, "En üst kat penceresinden güveyin yollarını gözlüyor," diye karşılık veriyordu.

Bir süre sonra kendi evine dönmekte olan sihirbazla karşılaşınca sihirbaz da ona aynı şeyleri sordu ve aynı yanıtları aldı. Bunun üzerine sihirbaz evin en üst penceresine baktı, oradaki süslü püslü şalgamı görünce gelin kız sanarak eliyle öpücükler yolladı. Ne var ki tam o sırada gelinin ağabeyleriyle akrabaları yardıma geldi. Kimse kaçmasın diye bütün kapıları kapadıktan sonra evi ateşe verdiler. Böylece hain sihirbazla bütün kötü yürekli dostları yanıp kül oldu.

Altı кuğu

Bir zamanlar bir kral büyük bir ormanda ava çık-
mıştı. Kendini avın heyecanına öylesine kaptırmıştı ki
yanındakilerden hiçbiri ona yetişemiyordu. Akşama
doğru Kral durup çevresine bakınca ormanda kaybol-
muş olduğunu gördü. Ağaçların arasından kurtulma-
ya çalıştıysa da ne bir yol bulabiliyordu ne de bir iz.
Derken karşısına buruşuk yüzlü, ak saçlı bir ihtiyar
kadın çıktı. Kral, kadına seslendi:

"İyi yürekli nine, bu ormandan çıkış yolunu gös-
terebilir misin bana?"

"Elbette," dedi koca nine. "Yalnız, Sayın Kralım,
tek bir şartım var. Bunu yerine getirmezsen or-
mandan asla çıkamaz, ağaçların arasında açlıktan
telef olur gidersin."

"Söyle bakalım, neymiş bu şart?"

"Benim bir kızım var ki belki dünyanın en güzel

kızıdır ve senin kraliçen olmaya fazlasıyla layıktır. Şimdi, sen onu kendine eş olarak seçersen ben de sana bu ormandan çıkmanın yolunu gösteririm."

Sarayına dönmek için sabırsızlanan Kral bu şarta razı oldu, kocakarı da onu alıp kendi evine götürdü. Kadının kızı ocak başında oturmaktaydı. Kral'ı, çoktandır bekliyormuş ve geleceğini biliyormuş gibi bir tavırla karşıladı. Gerçekten dünya güzeli bir kızdı, gene de Kral'ın kanı ona kaynamadı çünkü her nedense ona bakmak içine bir ürperti veriyordu. Ama sözünden dönemeyeceğine göre kızı atının terkisine alarak yola çıktı, kocakarının gösterdiği yoldan sarayına döndü.

Kral bundan önce bir kez daha evlenmişti; ölmüş olan ilk eşinden yedi çocuğu vardı; canından çok sevdiği altı oğlanla bir kız. Yeni üvey annenin bu çocuklara iyi davranmayacağını, hatta kötülük edebileceğini düşünen Kral şimdi bu çocuklarını gizlice ıssız bir şatoya götürdü. Burası karanlık, sık bir ormanın orta yerinde, kimsenin bilmediği bir yerdi, yolunu bulmak da olasızdı. Neyse ki iyi yürekli bir büyücü kadın, Kral'a bu amaçla sihirli bir yumak ip vermişti. Kral yere atınca yumak kendiliğinden yuvarlanarak açılıyor ve ona ıssız şatonun yolunu gösteriyordu. Bu yüzden, ondan başkasının bu yolu bulmasına olanak yoktu.

Gelgelelim Kral çocuklarının yanına öyle sık gidiyordu ki yeni Kraliçe sonunda kuşkulandı, onun neden böyle durmadan ormana gittiğini öğrenmek istedi. Uşaklardan birini yüklü bir rüşvetle kandırdı ve kocasının gizini öğrendi. Uşak ona ıssız şatonun yolunu ancak sihirli yumağın yardımıyla bulabileceğini de söylemişti. Meraktan gözüne uyku girmeyen Kraliçe sonunda ne yapıp etti, sihirli yumağın gizli yerini buldu. Sonra bir sürü güzel ipek gömlek dikti, her birinin içine de annesinden öğrendiği gibi birer muska yapıp gizledi.

Kral'ın uzaklara, avlanmaya gittiği bir gün Kraliçe diktiği ipek gömleklerle sihirli yumağı alarak ormana daldı. Yumak ona yolu gösterdi ve bu sayede kraliçe ıssız şatoyu buldu.

Uzaktan birinin yaklaştığını gören çocuklar bunu babaları sandıkları için sevinçle dışarı, onu karşılamaya koştular. Kraliçe hemen onların başlarına birer gömlek geçirdi, onlar da göz açıp kapayana değin birer kuğuya dönüştüler ve ormanın üzerinden uçup gittiler. Kraliçe üvey çocuklarından kurtulmuş olduğunu düşünerek hayatından hoşnut bir durumda evine döndü. Oysa bilmiyordu ki kuğuya çevirdiği çocuklar yalnızca oğlanlardı çünkü Kral'ın kızı ağabeyleriyle birlikte dışarı koşmamıştı. Bu yüzden hain Kraliçe onun varlığından bile habersizdi.

Ertesi gün Kral çocuklarını görmek için ıssız şatoya gidince yalnız kızını buldu.

"Ağabeylerin nerede?" diye sordu ona.

"Ah, canım babacığım, uçup gittiler, beni burada yapayalnız bıraktılar." Böyle diyerek kızcağız Kral'a onların nasıl birer kuğuya dönüşerek uçup gittiklerini anlattı, avludan toplamış olduğu kuğu tüylerini gösterdi.

Kral son derece üzülmüştü ama gene de karısından hiç kuşkulanmadı ve sarayına dönerken kızını da yanına aldı, çünkü ağabeyleri gibi onun da başına bir şey gelmesinden korkuyordu.

Diğer yandan genç kız bu işi üvey annenin yaptığını bildiğinden sarayda kalmak istemedi. İçinden, "Burası benim yerim değil artık; gidip ağabeylerimi bulmalıyım," diye düşünerek gecenin yarısında saraydan kaçtı, ormanın karanlığına daldı.

Bütün gece ve ertesi gün akşamüzerine kadar yürüdü. Artık bir adım daha atamayacak kadar yorulduğu bir sırada karşısına odundan yapılma derme çatma bir kulübe çıktı. İçeri girince genç kız altı tane küçücük karyola gördü. Geceyi burada geçirmeye karar vererek karyolalardan birinin altına girip yattı.

Tam güneş batmak üzereyken bir harıltı duyuldu ve altı tane iri, beyaz kuğu uçarak pencereden içeri girdi. Yere konunca üzerlerindeki tüyleri üflediler ve o zaman kız karşısında altı ağabeyini buldu! Hemen sevinç içinde ortaya çıktı, ağabeyleri onu görünce çok sevindiler. Ne var ki sevinçleri uzun sürmedi. Kardeşlerine dönerek, "Burada kalamazsın sen," dediler. "Burası haramilerin ini, seni bulurlarsa hemen öldürürler."

"Siz koruyamaz mısınız beni?"

Ağabeyler, "Hayır," diye yanıtladılar. "Çünkü biz günde ancak çeyrek saat insan kılığını alabiliyoruz, sonra gene kuğu biçimine dönmek zorundayız."

Bunu duyan genç kız yaşlı gözlerle, "Sizi bu büyüden kurtarmanın yolu yok mu?" diye sordu.

"Var; ama yapılamayacak kadar zor. Tam altı yıl ne konuşacak ne gülecek ne de herhangi bir ses edeceksin. Ve bu arada bize yıldız çiçeklerinden birer gömlek dikeceksin. Dudaklarından tek bir söz dökülürse bütün zahmetlerin boşa gider, bunu bilesin."

Tam o sırada çeyrek saat olduğu için delikanlılar gene kuğuya dönüştüler ve kanat çırparak pencereden uçup gittiler.

Kız kardeşleri ne olursa olsun onları kurtarmaya, gerekirse bu uğurda ölmeye karar vermiş, kendi kendine yemin etmişti. Kulübeden çıkarak gene ormanın derinlerine daldı ve o geceyi bir ağacın dalları arasında geçirdi. Ertesi gün bulabildiği bütün yıldız çiçeklerini topladı. Konuşacak kimsesi yoktu nasılsa, gülmek deseniz içinden gelmiyordu. O da ağacın dalına oturarak yıldız çiçeklerinden gömlekler dikmeye koyuldu.

Meğer o ülkenin kralı da o sırada bu ormanda ava çıkmış. Bir süre sonra kralın avcıları ağaç dalındaki kızı gördüler. "Sen kimsin, orada ne işin var?" diye sordular ona. Gelgelelim genç kız hiç sesini çıkarmadı. "Hadi aşağıya gel, biz sana kötülük etmeyiz," dedi avcılar. Kız yalnızca, "olmaz" gibilerden başını saklamakla yetindi. Avcılar daha da üsteleyince kız boynundaki altın kolyeyi onlara attı. Onların bunu alıp gideceklerini umuyordu. Avcıların oradan ayrılmadığını görünce mücevherli altın kemerini aşağı attı, gene onlardan kurtulamadı. İnci işli sırma

elbisesini çıkarıp aşağı atması da işe yaramadı. So-
nunda avcıbaşı ağaca çıkıp onu kucaklayarak indirdi
ve kralın karşısına götürdü.

Kral, "Kimsin sen, ne arıyorsun o ağaçta?" diye
sorduysa da kız hiç karşılık vermiyordu. Kral bu so-
ruları ona bildiği bütün dillerde sordu; ama kızı bir
türlü konuşturamadı. Ne var ki kızın güzelliği içini
sızlatmış, genç Kral'ın gönlünde bu dilsiz kıza karşı
derin bir aşk uyanmıştı. Onu hemen kendi pelerini-
ne sarıp atına oturttu, sarayına götürdü. Orada ona
şahane elbiseler yaptırttı. Bu giysilerin içinde periler
kadar güzel durmakla birlikte kızın ağzından tek
söz çıkmıyordu. Kral sofrada onu yanı başına aldı.
Burada kızın sevimli, ağırbaşlı halleri, terbiyesi ve
görgüsü onu öylesine etkiledi ki genç kral, "Bu kız
benim eşim olacak," dedi. "Ondan başkasıyla asla
evlenmem."

Gerçekten de birkaç gün sonra onunla evlendi.

Efendim, bu genç Kral'ın çok kötü yürekli bir
üvey annesi vardı. Genç Kraliçe'yi kıskanan bu hain
kadın onu kötüleyen konuşmalar yapıyor, "Kim ol-
duğu, nereden geldiği bilinmiyor; dilsiz bir kız kral
karısı olabilir mi?" diyordu. Ne var ki genç Kral'ı et-
kileyemiyordu.

Bir yıl sonra dilsiz Kraliçe ilk çocuğunu dünyaya
getirdiği zaman hain Ana-Kraliçe çocuğu kaçırıp gizli
bir yere götürdü. Sonra üvey oğlunun karşısına geçe-

rek, "Senin karın bir evlat katili, çocuğunu öldürdü," dedi.

Gelgelelim genç Kral ona inanmadı. Karısını çok seviyor, onu kimsenin rahatsız etmesine izin vermiyordu. O da bütün zamanını yıldız çiçeklerinden gömlekler yapmakla geçiriyordu.

İkinci bir çocuk dünya geldiği zaman hain Ana kraliçe onu da kaçırdı ve genç kraliçeyi gene evlat katili olmakla suçladı. Kral onun suçlamalarına bu kez de inanmadı. "O iyi ve dürüst bir insandır, Tanrı'dan korkar, böyle bir şeyi dünyada yapmaz!" dedi. "Konuşabilseydi kendini savunurdu, o zaman gerçekler ortaya çıkardı. Karım masumdur."

Gel gör ki ertesi yıl, üçüncü çocuğun doğumunda da aynı olaylar olup da hain Kraliçe aynı suçlamalarda bulununca zavallı Kral sevgili eşini yargıca teslim etmek zorunda kaldı. Genç kadın hâlâ ağzını açmıyor, tek kelime söyleyip kendini savunmuyor, habire yıldız çiçeklerinden gömlek dikiyordu.

Yargıç onun yakılarak öldürülmesine karar verdi.

Siz şu Tanrı'nın işine bakın ki zavallı genç Kraliçe'nin idam hükmünün uygulanacağı gün, ağabeylerinin de büyüden kurtulacağı güne rastlıyordu. Yıldız çiçeğinden yapılan altı gömlek de nihayet bitmiş, yalnızca bir tanesinin kolu kalmıştı. Genç kadın yakılacağı sehpaya doğru giderken gömlekleri koluna astı. Tam sehpanın basamaklarını çıkmak üzereyken arkasında bir uğultu duyarak dönüp bakınca havada altı beyaz kuğunun kanat çırparak kendine yaklaşmakta olduklarını görmez mi? Yüreği o anda sevinçten ağzına geldi. Kuğular alçalıp yere konarak onu kuşattılar, o da yıldız çiçeğinden yapılma gömlekleri hemen onların başlarından geçirdi. O dakikada kuğuların bütün tüyleri döküldü, altı erkek kardeş gene altı genç prens olup çıktılar, mutluluk içinde birbirlerini ve kız kardeşlerini kucaklayıp öptüler.

Genç Kral bütün bu olaylar karşısında şaşıp kalmıştı. Karısı şimdi onun yanına gelerek, "Sevgili eşim, dilim çözüldü artık," dedi. "Masum olduğumu, haksız yere suçlandığımı sana nihayet söyleyebilirim." Sonra kocasına ağabeylerinin nasıl kuğuya dönüştüğünü, kendi çocuklarının da nasıl hain Anakraliçe tarafından kaçırılıp saklandığını anlattı.

Kral bu duyduklarına müthiş sevinerek eşini sevgiyle kucakladı, hain Kraliçe'yi de ateşte yaktırarak cezalandırdı.

Genç Kral'la Kraliçe ve Kraliçe'nin altı ağabeyi bundan sonra mutluluk ve huzur içinde yaşadılar.

ihtiyar sultan

Bir zamanlar bir köylünün Sultan adında sadık bir köpeği vardı. Sultan, köylünün hizmetinde adamakıllı ihtiyarlamıştı; bütün dişleri dökülmüş olduğundan artık hiçbir şey tutamaz olmuştu. Günün birinde köylü, sabahleyin kapı önünde karısıyla konuşurken, "Yarın bizim koca Sultan'ı vuracağım, çünkü hiç işe yaramıyor artık," dedi.

Karısı zavallı hayvana acıyarak, "Bize uzun yıllar sadakatle hizmet etti, biz de ömrünün geri kalanında onu besleyebiliriz elbet," dedi.

"Boş ver," diye yanıtladı kocası. "Budalalık etme. Hayvanın ağzında tek dişi kalmadı; artık hırsızlar ondan değil, o hırsızlardan korkuyor. Vuralım gitsin. Bunca yıl o bize hizmet ettiyse biz de ona baktık ya!"

Biraz ötede, güneşte yatmakta olan ihtiyar Sultan bütün bu konuşmaları duydu, sonunun geldiğini anlayınca çok kederlendi. Biraz ötedeki ormanda yaşayan Kurt, Sultan'ın arkadaşıydı. Sultan geceleyin onun yanına gitti ve ertesi gün başına gelecek olan acıklı durumu anlattı.

"Yüreğini ferah tut, sevgili dostum, ben sana yardım eder, seni kurtarırım," dedi Kurt. "Bak aklıma nasıl bir plan geldi: Yarın senin efendiyle karısı tarlaya giderken çocuklarını da yanlarına alacaklar, çünkü evde ona bakacak kimse yok. Kendileri tarlada çalışırken bebeği çitin gölgesine yatıracak, başına da seni nöbetçi dikecekler. Tam o sırada ben gelip çocuğu kapar, ormana kaçırırım. Sen de hemen var gücünle koşarak benim peşime düşersin. O zaman ben bebeği ağzımdan bırakırım, sen de alır, efendilerine götürürsün. Onlar senin bu kahramanlığına çok sevinecekler, bundan sonra artık seni el üstünde tutacaklardır. Ömrünün sonuna kadar sana gözleri gibi bakacaklarından emin olabilirsin."

Bu plan köpeğin pek hoşuna gitmişti. Kurt'un önerisini hemen uygulamaya koydular. Küçük yavrusunun Kurt tarafından kaçırıldığını görünce köylü acı bir çığlık kopardı, sonra ihtiyar, sadık köpeğin çocuğu getirdiğini görünce sevincinden bayram etti. Sultan'ı okşayarak, "Sağ ol, var ol eski dost!" dedi. "Bundan böyle senin tek bir kılına bile zarar gelmeyecek, yanımızda ömrünün sonuna kadar rahat yaşayacaksın." Sonra karısına dönerek eve gidip Sultan için dişsiz de yenebilecek et suyuna lapa pişirmesini, bir de kuş tüyü şilte getirmesini söyledi.

Sultan şimdi gerçekten de el üstünde tutuluyor, sahiplerinden özen ve şefkat görüyordu. Derken bir gün ormandaki Kurt onu görmeye geldi, rahat yaşadığını görmekten mutlu olduğunu söyledi. Sonra kurnazlıkla, "Bir gün ben kazara senin sahibinin bir koyununu kaçıracak olursam sen de görmezlikten gelirsin, değil mi, eski dost?" diye sordu.

"Hiç sanmıyorum," dedi Sultan. "Efendim bana güveniyor, ona ihanet edemem."

Kurt'sa ona inanmadı ve o gece ortalıktan el ayak çekildiği zaman koyun çalmak amacıyla köylünün avlusuna geldi. Ne var ki Sultan onun tasarladığı şeyi sahibine anlatmıştı. Köylü de Kurt'u yakaladığı gibi kıyasıya dövdü. Kurt canını zor kurtararak oradan kaçtı; ama bir yandan da, "Alacağın olsun senin, Sultan, ben sana gösteririm!" diye bağırıyordu. "Düello yapacağız seninle!"

Ertesi sabah Kurt yabandomuzunu kendine düello tanığı olarak seçti ve ormanda düello yapacaklarını ihtiyar Sultan'a bildirsin diye köylünün evine yolladı. Zavallı Sultan kendine tanık olarak bula bula üç bacaklı bir kedi bulabildi. Birlikte orman yolunu tuttular. Kedicik topallığını dengelemek için kuyruğunu dimdik tutuyordu.

Bu arada Kurt'la Yabandomuzu kararlaştırılan yere gelmişlerdi; uzaktan düşmanlarının yaklaştığını gördüler. İlkin kedinin dimdik yükselen kuyruğunu görünce Sultan'ın yanına kocaman bir kılıç almış olduğunu sandılar. İkisinin de ödü koptu, elleri, ayakları titredi. Yabandomuzu kendini can havliyle bir kuru yaprak yığınının içine attı, Kurt da bir ağaca tırmandı.

Sultanla Kedi düello yerine vardıkları zaman kimseyi göremeyince düşmanlarına ne olduğunu merak ettiler. Bu arada yaprakların arasına gömülen Yabandomuzu'nun kulakları açıkta kalmıştı. Kedi bunların kıpırdadığını görünce fare sandı, hemen atıldığı gibi dişleyiverdi! Bunun üzerine domuz sil-kinerek ayağa kalkıp oradan kaçtı. Bir yandan da, "Suçlu orada, ağaçta!" diye bağırıyordu.

Kedi'yle köpek başlarını kaldırınca kurdu gördüler. Kurt böylesine ödleklik yapmış olduğu için kendi kendinden utanmıştı. Sultan'dan özür diledi; iki hayvan yeniden dost oldular, bir daha hiç bozuşmamaya karar verdiler.

Badem Ağacı

Çok eskiden, belki de iki bin yıl önce, zengin, iyi bir adamın güzel, erdemli bir karısı vardı. İkisi birbirlerini çok seviyor, yalnız bir türlü çocuk sahibi olamıyorlardı. Gene de umutlarını kesmiş değillerdi; evlatları olsun diye gece gündüz dua ediyorlardı.

Evlerinin önünde bir avlu, avluda bir badem ağacı vardı. Bir kış günü kadın bu ağacın altında durmuş elma soyarken parmağını kesti ve yerdeki bembeyaz karların üzerine bir damla kızıl kan düştü. Bunu gören kadın derin bir özlemle "Ah!" diye içini çekti. "Yüzü şu kar gibi beyaz, dudakları şu kan gibi kırmızı bir çocuğum olsaydı!" Bunu derken içine bir hafiflik doldu, dileğinin en sonunda gerçekleşeceğine inandı.

Aradan bir ay geçti, karlar kalktı; iki ay geçince her taraf yeşillendi. Üç ayın sonunda rengârenk çiçekler açtı; dördüncü ayda ağaçlar öylesine yaprağa büründü ki dallar yeşil bulutlara benzedi, güneş ışınları aralarından sızmakta güçlük çeker oldu. Meyve ağaçlarının çiçekleri dökülüp yerleri pembeli beyazlı halılar gibi döşedi, kuş şakımaları dört bir yanı doldurarak gökleri tuttu. Beşinci ayın sonunda kadın badem ağacının altında durup yeşil dalların tatlı kokusunu içine çekince mutluluktan gözleri yaşardı. Altıncı ayda dalları badem basmış olduğunu görünce yüreği sevinç doldu. Yedinci ayın sonunda kadın bir gün gene badem ağacının altına gitmişti. İyice irileşmiş olan bademlerden öyle çok yedi ki hastalandı. Sekizinci ayda hâlâ hastaydı; kocasını çağırarak, "Ölürsem beni badem ağacının altına göm! O zaman huzurlu olurum," dedi. Ertesi ay bir oğlan çocuğu doğurdu, onun gerçekten de kar gibi beyaz yüzlü, kan gibi kırmızı dudaklı olduğunu görünce sonsuz bir mutlulukla gülümseyerek öldü.

Kocası onu badem ağacının altına gömdü ve tarifsiz bir yasa boğuldu. Onu yalnızca küçük oğlu avutuyordu. Derken zamanla acısı günden güne hafiflemeye başladı ve bir süre sonra adam yeniden evlendi.

İkinci karısından da bir kızı oldu. Bu kadın kendi kızını deli gibi seviyor; ama küçük üvey oğlundan nefret ediyordu. Ona her bakışta, "Ne yapsam da kocamın bütün servetinin kızıma kalmasını sağlasam?" diye düşünüyor, onu bir ayak bağı, bir engel, hatta düşman olarak görüyordu. Kadının yüreğine bu kötü duyguları aşılayan elbet şeytandan başkası değildi! O da şeytana uyarak zavallı küçük çocuğa kötü davranıyor, onu her fırsatta aşağılayıp hırpalıyordu. Öyle ki zavallıcık her an korku içindeydi.

Bir keresinde kadın kilere gitmişti. Kızı yanına sokularak, "Anneciğim, bana bir elma versene," dedi. Kadın, "Elbette, kızım," diyerek elma sandığından güzel bir elma seçip ona verdi. Sandığın ağır bir kapağı, bir de asma kilidi vardı. Kadın kapağı yeniden kapayınca kızı, "Anneciğim, ağabeyime de elma vereceksin, değil mi?" diye sordu. Kadın sinirlendiğini belli etmeyerek, "Tabii, okuldan gelince veririm," diye yanıtladı.

Tam o sırada üvey oğlunun okuldan döndüğünü, avlu kapısından içeri girdiğini gördü. Aklına gene şeytan girmiş gibi müthiş bir öfkeye kapıldı; ama bunu gizlemeyi başardı ve çocuğu tatlı bir gülümsemeyle karşıladı.

"Hoş geldin, oğlum, bir elma ister misin?"

Ama çocuğa bakan gözlerinde öyle hain bir ifade vardı ki çocukcağız, "Anneciğim, neden öyle bakıyorsun bana?" diye sordu.

"Sen elma istiyor musun, onu söyle."

"Evet, isterim."

"Öyleyse gel benimle," diyerek kadın üvey oğlunu kilerdeki sandığın başına götürdü. "Eğil de şurdan bir elma al."

Sonra, çocuk sandığın içine eğildiği sırada şeytan sanki gene kadının kulağına bir şeyler fısıldadı, o da sandığın kapağını öyle bir hırsla kapadı ki küçük oğlanın kafası koparak o kırmızı elmaların arasına düştü.

O zaman kadın korktu. "Ben ne yapacağım şimdi?" diye düşünerek odasına çıktı, çekmecesinden temiz bir mendil alarak geldi, oğlanın başını gene boynunun üstüne yerleştirip bezle güzelce bağladı. Boynun kopuk olduğu şimdi anlaşılmıyordu. Hain kadın bu kez çocuğu alıp oturma odasındaki bir koltuğa oturttu, elmayı da eline verdi. Sonra kendisi mutfağa gitti.

Biraz sonra adı Marline olan küçük kız annesinin yanına gelerek, "Anneciğim," dedi. "Ağabeyim dışarıda oturmuş, elinde de bir elma var ama yüzü çok solgun. Elmasından bir ısırcık istedim, fakat bana yanıt bile vermedi, ben de korktum."

Annesi, "Git, gene iste," dedi. "Sana karşılık vermezse kulağını çek."

Küçük Marline gene ağabeyinin yanına giderek, "Elmandan bir ısırcık versene bana," dedi, ama karşılık alamadı. O da çocuğun kulağını çekti. Çekmesiyle kesik baş yere yuvarlanmaz mı? Bunu görünce ödü kopan kızcağız bağırarak ağlamaya başladı. Annesinin yanına koşarak, "Anneciğim, anneciğim, ağabeyimin kafasını kopardım," diye bağırdı. Hıçkırarak ağlıyor, bir türlü susmak bilmiyordu.

Kötü yürekli anne, "Marline, ne yaptın sen?" dedi. "Ama sus artık, olan olmuş. Sus da kimse duymasın. Yardım et bana, onu badem ağacının altına gömelim."

Böyle diyerek kadın küçük bir sandık aldı, oğlanı bunun içine koydu, sonra sandığı badem ağacının altına gömdü. Küçük Marline yanı başında durmuş onu seyrediyor, gözlerinden aşağı ip gibi yaşlar akıyor, akıyordu.

Akşamleyin baba eve döndüğünde küçük oğlanı göremeyince, "Oğlum nerede?" diye sordu.

Karısı getirdiği et yemeğini masanın üzerine koyarken, "Mütte'ye gitti," diye yanıtladı. "Bir süre orada kalacağını söyledi."

Bu arada küçük Marline sürekli ağlıyordu. Baba, "Ne yapacakmış Mütte'de?" diye sordu. "Hem neden benimle vedalaşmadan gitti?"

"Bilmem, gitmeyi çok istiyordu. Beş-altı hafta kalacağını söyledi."

Adam üzgün üzgün, "Anlamıyorum, doğru bir şey değil bu, en azından bana haber vermeliydi," diyerek yemeğini yemeye başladı. Sonra kızına dönerek, "Ağlama, Marline, ağabeyin yakında döner," diye onu avuttu. "Eline sağlık, karıcığım, yemek pek lezzetli olmuş," diyerek tabağını sıyırdı.

Küçük Marline odasına gidip sandığını açtı, en güzel ipek mendilini aldı, avluya çıkarak acı acı ağlamasını sürdürdü. Sonra badem ağacının altına, yeşil çimenlere uzandı, yavaş yavaş üzüntüsü yatıştı, gözyaşları dindi. Birden badem ağacının dallarının bir elin parmakları gibi iki yana açıldığını, sonra da birbirine kavuştuğunu gördü, sanki ağaç hoşnutluğunu belirterek el çırpıyordu. Aynı anda ağaçtan sis gibi bir buğu yükseldi. Buğunun orta yerinde dupduru bir alev yalazlanmaktaydı. Derken bu alevden son derece güzel bir kuş çıktı, billur gibi bir sesle şakıyarak havaya uçtu, gözden yitti, bademağacı da eski haline döndü. Küçük kız, ağabeyi yaşıyormuşçasına bir mutluluk içinde kalktı, eve girip sofraya oturdu.

Alevin içinden çıkan güzel kuşsa uça uça gitti, köy kuyumcusunun penceresine konarak insan diliyle bir şarkı söylemeye başladı:

Annem kıydı canıma,
Babam gücendi bana,
Küçük Marline ağladı
Badem dalı altında
Cikcik, cikcik, bak ne güzel kuşum ben!

Kuyumcu işliğinde oturmuş altın bir zincir yap-maktayken bu şarkıyı duydu. Güzel kuş onun damına tünemiş şakımaktaydı. Kuyumcu onun sesine öyle bayılmıştı ki hemen yerinden kalkarak kapıya yürüdü. Kapı eşiğinden atlarken terliklerinden biri ayağından çıktı; ama o buna aldırış bile etmeden, tek terliğiy-le yolun ortasına yürüdü, önünde meşin önlük, bir elinde altın zincir, öbür elinde kerpeten. Parlak güneş altında başını kaldırdı, damdaki kuşa bakarak, "Ey kuş, ne güzel şarkı söylüyorsun sen! O deminki şar-kıyı gene söylesene!" dedi.

Kuş, "Olmaz, ben bir söylediğim şarkıyı ikinci kez hiç karşılıksız söylemem," diye yanıtladı. "O elindeki altın zinciri ver, söyleyeyim."

"Al," dedi kuyumcu. "Altın zincir senin olsun. Sen bana gene o şarkıyı söyle."

O zaman kuş yere uçarak altın zinciri sağ pen-çesiyle aldı, kuyumcunun karşısına oturarak şarkısını söyledi:

Annem kıydı canıma,
Babam gücendi bana,
Küçük Marline ağladı,
Badem dalı altında.
Cikcik, cikcik, bak ne güzel kuşum ben!

Sonra kuş oradan kalkarak kunduracının damına kondu ve şarkısını söyledi:

Annem kıydı canıma,
Babam gücendi bana,
Küçük Marline ağladı,
Badem dalı altında
Cikcik, cikcik, bak ne güzel kuşum ben!

Kunduracı bu sesi duyunca elindeki ayakkabıyı attığı gibi ceketini bile giymeden dışarı fırladı, güneşe karşı elini siper ederek evinin damına baktı.

"Ey kuş, ne güzel şarkı söylüyorsun sen!" dedi. Sonra karısına seslendi:

"Hanım! Gel bak burada bir kuş var. Şu kuşa bak, hanım, ne güzel şarkı söylüyor!"

Sonra da kızını, oğullarını, çıraklarını, uşağıyla hizmetçisini çağırdı. Hepsi de durup damdaki güzel kuşa baktılar. Nasıl da görülmedik güzellikte bir kuştu bu! Gövdesinin tüyleri yeşilli kırmızılı, boynunun çevresindekiler altın gibi ışıl ışıldı, gözleri de iki yıldızı andırıyordu.

"Güzel kuşum," dedi kunduracı. "O şarkıyı gene söyler misin bana?"

Kuş, "Olmaz," diye yanıtladı. "Aynı şarkıyı bedavadan ikinci kez söylemem ben. Bir armağan isterim."

Bunun üzerine kunduracı karısına dönerek, "Hanım, bir zahmet dükkâna git, üst rafta bir çift kırmızı ayakkabı duruyor, onları al gel," dedi.

Karısı ayakkabıları getirince kunduracı, "Al, güzel kuşum," dedi. "Şimdi bana o şarkıyı söyle bakalım."

Kuş uçup geldi, kırmızı ayakkabıları sol pençesiyle aldı, sonra kunduracının karşısına geçerek şarkısını söyledi:

Annem kıydı canıma,
Babam gücendi bana,
Küçük Marline ağladı,
Badem dalı altında.
Cikcik, cikcik, bak ne güzel kuşum ben.

Güzel kuş şarkısını bitirdikten sonra uçup gitti Sağ elinde altın zincir, sol elinde kırmızı ayakkabılarla uzaklardaki bir değirmene uçtu. Değirmen, "Çıkır çıkır, çıkır çıkır" diye dönmekteydi. İçinde de değirmencinin yirmi adamı oturmuş bir taş yontmaktaydılar. Yonttukları taştan, "Haşırt huşurt, haşırt huşurt" diye sesler çıkıyor, değirmen de durmadan, "Çıkır çıkır, çıkır çıkır" diye dönüyordu. Kuş gitti, değirmenin önündeki bir ıhlamur ağacının dalına konarak şarkı söylemeye başladı:

Annem kıydı canıma...

Bunu duyan değirmencilerden biri elindeki işi bırakıp kulak kabarttı.

Babam gücendi bana...

İki değirmenci daha işi bıraktı.

Küçük Marline...

Şimdi dokuz değirmenci daha elindeki işi bırakmıştı.

... ağladı...

Şimdi hâlâ taş yontan adamların sayısı yalnızca sekizdi.

Badem dalı...

Şimdi topu topu beş adam çalışıyordu.

... altında...

Şimdi çalışan bir tek adam kalmıştı.

Cikcik, cikcik, bak ne güzel kuşum ben!

Bunu duyunca en son adam da elindeki işi bıraktı. "Güzel kuş, şarkın ne kadar güzel senin!" dedi. "Kuzum, ne olur, gene söyle de dinleyeyim."

"Olmaz," dedi kuş. "Ben bir şarkıyı ikinci kez karşılıksız söylemem. Bir armağan vermelisin bana."

"Ne verebilirim ki?"

"Değirmen taşını verirsen söylerim."

"Salt benim olsaydı seve seve verirdim," dedi adam.

Ötekiler hemen, "Verelim, verelim," dediler. "Verelim de gene o şarkıyı söylesin bize!"

Yirmi değirmenci değirmen taşını kaldırdılar, kaldırdılar, bir direğin ucuna geçirdiler. O zaman güzel kuş uçup geldi, başını, yaka takar gibi değirmen taşının ortasındaki delikten geçirdi, taşla birlikte havalanarak gene ağaç dalına kondu. Ve oradan değirmencilere bakarak şarkısını bir kez daha söyledi:

Annem kıydı canıma,
Babam gücendi bana,
Küçük Marline ağladı
Badem dalı altında.
Cikcik, cikcik, bak ne güzel kuşum ben!

Şarkısını bitirdiği zaman güzel kuş daldan havalandı, sağ pençesinde altın zincir, sol pençesinde kırmızı ayakkabılar ve boynunda değirmen taşıyla uçarak babasının evine gitti.

Babası, üvey annesi ve küçük Marline sofra başında yemek yiyorlardı.

Birden baba, "İçime durduk yerde bir hafiflik, bir ferahlık geldi, nedense!" diye mırıldandı.

Üvey anneyse, "Benimse içimde bir sıkıntı, bir daralma var," dedi. "Bilmem ki, fırtına mı kopacak ne!"

Küçük Marline ise durmadan ağlıyor, ağlıyordu.

Güzel kuş geldi, baba evinin damı üstüne kondu.

"Öyle neşeliyim ki şu anda!" dedi babası. "Güneş de nasıl parlak bugün! Hiç ummadığım, eski bir dostu görecekmişim gibi geliyor."

Oysa karısı, "Benimse içerime ateş düştü sanki, nefesim daralıyor!" diyerek yakasını bağrını açtı.

Küçük Marline deseniz bir yanda oturmuş, ha bire ağlıyordu; gözyaşları önündeki çorba tabağını adeta doldurmuştu.

Şimdi güzel kuş badem ağacının dalına kondu ve oradan şakımaya başladı:

Annem kıydı canıma...

Bunu duyan hain kadın elleriyle gözlerini, kulaklarını kapadı, gene de kafasının içi fırtına sesleriyle uğulduyor, gözlerinin içi alev alev yanıyordu.

Babam gücendi bana...

"Karıcığım!" dedi adam. "Şu dışarıdaki kuş ne güzel şakıyor! Güneş ne güzel parlak! Her taraf sanki tarçın kokuyor!"

Küçük Marline ağladı...

Kadınsa, "Benim burnuma kükürt ve zift kokusu geliyor," diye inledi. Küçük Marline'i sorsanız o hâlâ bir köşede usul usul ağlıyordu. Baba, "Dışarı çıkıp şu harika kuşa yakından bakmak istiyorum," dedi.

"Sakın gitme, dışarı çıkma!" diye karısı yalvardı. "Duymuyor musun, sanki zelzele oluyor."

Ama adam onu dinlemeyerek dışarı çıktı, badem ağacındaki kuşa baktı.

....Badem dalı altında.

Cikcik, cikcik, bak ne güzel kuşum ben!

Böyle diyerek kuş sağ pençesindeki altın zinciri bıraktı, zincir babasının boynuna geçti. Sanki tam onun için yapılmıştı!

Adam karısına, "Bak, ne harika kuş!" dedi. "Bana altın bir zincir verdi, tam boynuma göre."

Kadınsa öyle korkmuştu ki boylu boyunca yere yıkıldı, başını kolları arasına aldı.

O zaman güzel kuş yeniden şarkıya başladı:

Annem kıydı canıma,

Kadın, "Keşke yedi kat yerin altında olaydım da bunu duymasaydım!" diye inledi.

Babam gücendi bana.

Hain üvey anne şimdi bayılmıştı.

Küçük Marline ağladı.

Marline gözyaşlarını silerek, "Ben de çıkıp bakayım bari," dedi. "Kuş belki bana da bir şey verir." Böyle diyerek dışarı çıkınca kuş ona da kırmızı ayakkabıları attı:

Badem dalı altında.

Cikcik, cikcik, bak ne güzel kuşum ben!

Şimdi Marline öyle keyiflenmişti ki ayakkabıları giyerek dans etmeye başladı. "Demin üzüntümden ağlıyordum, şimdiyse dans ediyorum!" dedi kendi kendine. "Gerçekten harika bir kuş bu. Ne cici, kırmızı pabuçlar verdi bana!"

Bunu duyan hain kadın yerinden kalktı. Saçları diken diken havaya kalkmış, gözleri kan çanağına dönmüştü. "Kıyamet kopacakmış gibi geliyor," diye mırıldandı. "Oysa herkes pek neşeli. Ben de dışarı çıkayım da bakayım bari, belki şu uğursuz kuş bana da bir şey verir."

Böyle diyerek dışarı çıktı, badem ağacının altına geldi. Kuş onu görür görmez değirmen taşını aşağıya attı, kötü yürekli kadın da taşın altında kalarak ezildi.

Babayla küçük Marline taşın altından alevli dumanların fışkırdığını gördüler, derken birden baktılar, küçük oğlan karşılarında durmuyor mu? Üçü sevinçle kucaklaşıp öpüştüler, sonra el ele evlerine girdiler.

iki kardeş

Bir zamanlar iki erkek kardeş vardı; bunlardan biri varlıklı, diğeri ise yoksuldu. Zengin olanı kuyumculuk yapıyordu ve çok kötü yürekliydi. Yoksul olanı ise süpürge tamirciğiyle geçiniyordu ve iyi yürekli, dürüst bir adamdı. Yoksul kardeşin iki de oğlu vardı. Birbirlerine iki su damlası gibi benzeyen bu ikizler çoğu zaman zengin amcalarının evine gider, onun verdiği yemek artıklarıyla karın doyururlardı.

Günlerden bir gün yoksul kardeş dal ve çırpı toplamak için ormana gitmişti. Bir ağacın üzerinde son derece güzel, altından bir kuş gördü. Adam hemen bir taş alarak kuşa attı. Taş kuşu sıyırıp geçti; ama bu arada yere altından bir tüy düşmüştü. Adam bu tüyü yerden alıp kuyumcu kardeşine götürdü. Kuyumcu, "Bu tüy som altından," diyerek kardeşine yüklü bir para verdi.

Ertesi gün süpürgeci gene ormana gitti ve birkaç dal kesmek için bir kayın ağacına tırmandı. Tam o sırada yaprakların arasından gene o altın kuş uçup gitmez mi? Adam biraz ötede bir yuva içinde onun kendi gibi altından olan yumurtasını gördü, bunu da alıp kardeşine götürdü. Kardeşi yumurtanın da katıksız altın olduğunu söyleyerek ona bir dolu para verdi. "Ama en iyisi sen bana o kuşu getir," dedi.

Ertesi gün süpürgeci gene ormana gitti, altın kuşu gene aynı ağaçta görünce bir taş atıp vurarak aldı, kuyumcu kardeşine götürdü. Kuyumcu ona koca bir kese altın verdi, o da sevincinden güle oynaya evine döndü.

Ne var ki kurnaz kuyumcu bu altın kuşla ilgili olarak kardeşinin bilmediği şeyler biliyordu. Hemen karısını çağırarak, "Bu kuşu benim için pişir," dedi. "Yalnız dikkatli ol, içinden çıkanları sakın atma, hepsini yemek istiyorum."

Efendim, kuyumcunun bildiği şey şuydu: Bu harikulade kuşun sihirli bir özelliği vardı. Kuşun ciğeriyle yüreğini yiyen kişi artık her sabah yastığının altında bir altın para bulurdu.

Kuyumcunun karısı kuşu hazırlayıp şişe geçirdi, ateşin üzerine yerleştirdi, sonra başkaca yemek hazırlıklarını yapmak için dışarı çıktı. Rastlantı bu ya, o dışarıdayken yoksul kardeşin ikiz oğulları çıkageldiler. Ateşte kızarmakta olan kuşu görünce şişi tutup çevirerek eğlenmeye başladılar. Biraz hızlı mı çevirdiler nedir, kuşun içinden iki küçük lokma et düştü. Bunu gören ikizlerden biri, "Hadi biz bunları yiyelim," dedi. "Karnım çok aç. Nasılsa kimse farkına varmaz."

Böylece o iki lokma şeyi hemen yalayıp yuttular. Tam o sırada kuyumcunun karısı içeri girdi. Onların bir şey yemiş olduklarını anlayarak, "Ne yediniz siz?" diye sordu.

"Hiç, valla. Kuşun içinden iki lokmacık bir şeyler düşmüştü, onu yedik yalnızca."

"Eyvah!" diye bağırdı kadın. "Kuşun ciğeriyle yüreğiydi onlar." İyice korkmuştu. Kocası durumu anlarsa öfkesinden küplere binmez miydi? Kadın hemen minik bir piliç kesti, ciğeriyle yüreğini pişirerek kuşun içine koydu. Sonra kuşu iyice kızartıp tabağa aldı, kocasına götürdü. Kocası da tabaktaki etlerin hepsini sildi süpürdü.

O gece sevinç içinde yattı uyudu, ertesi sabah da heyecanla yastığının altına baktı; ama o da nesi? Altın falan yoktu!

Bu arada ikizler şanslarının nasıl açılmış olduğundan habersiz, yatıp uyumuşlardı. Ertesi sabah kalktıklarında yastıklarının altından bir şeyler şıkırdayarak düştü. Merakla baktıkları zaman iki tane altın para görmesinler mi? Hemen bunları alıp babalarına götürdüler. Bu işe o da ikizler kadar şaştı.

Hele bundan sonra her sabah ikizlerin yastığının altından iki altın çıkmaya başlayınca şaşkınlıkları daha da arttı.

Sonunda süpürge tamircisi, kuyumcu kardeşine giderek durumu anlattı. Kuyumcu onun anlattıklarını dinleyince işin içyüzünü hemen kestirdi: Onun altın kuşunun ciğeriyle yüreğini ikizler yemişlerdi demek! Bu kuyumcu çok kötü yürekli, para canlısı bir adamdı. Şimdi ikizlerden öç almak için kardeşine, "Oğulların şeytanla işbirliği yapmışlar, besbelli," dedi. "Sakın o altınlara el sürme, çocukları da kapı dışarı at. Şeytanın etkisi altında oldukları için başına her türlü belayı sarabilirler."

Süpürge tamircisi şeytandan çok korkardı. Bu yüzden, içinin kan ağlamasına karşın oğullarını alıp ormanın derinlerine götürdü, orada bıraktı, kendisi de ağlaya ağlaya evine döndü.

Çocuklar ağaçların arasında bir o yana bir bu yana koşarak evlerinin yolunu aradılar, sonunda yolu bulamadıkları gibi evlerinden büsbütün uzaklaşmış oldular. Ne yapacaklarını bilemeyerek dövündükleri bir sırada karşılarına avcı çıktı ve onlara kim olduklarını, burada ne aradıklarını sordu. Onlar da yoksul bir süpürgecinin oğulları olduklarını söylediler.

"Babamız bizi artık evinde istemiyor, çünkü her sabah yastığımızın altında birer altın buluyoruz," dediler.

Avcı bu işe bir anlam veremedi. "Dürüst, çalışkan çocuklarsanız, babanızın sizi evden atmaması gerekirdi," dedi. Kendisi çocuksuzdu; ikizlere de hem acımış hem de kanı kaynamıştı. Onları alıp evine götürdü. "Babanız bundan sonra ben olacağım, sizi ben yetiştireceğim," dedi. Onlara avcılığın bütün gizlerini öğretti, her sabah yastıklarının altından çıkan altınları da bir kenarda biriktirdi.

Gel zaman, git zaman ikizler büyüyüp delikanlı oldular. O zaman avcı onları ormana götürerek, "Bugün avcılık sınavı vereceksiniz, ondan sonra da benim gibi usta avcı olacaksınız," dedi.

Böylece hep birlikte ormanın derinlerine daldılar; ama uzun süre bekledikleri halde hiçbir vahşi hayvanla karşılaşmadılar. Derken avcı havada üçgen biçiminde uçan bir yabani kaz sürüsü gördü.

"Şu üçgenin her köşesinden bir kaz vurun, bakalım," dedi ikizlere. İkizler bu denileni yaptıktan sonra bir kaz sürüsü daha geldi, bunlar da havada 2 rakamı çizmişlerdi sanki. Avcı, "Bu sürünün de her köşesinden bir kaz vuracaksınız," dedi. İkizler bu sınavı da başarıyla verdikleri zaman manevi babaları, "Benim çırağım değilsiniz artık, sizi usta avcı ilan ediyorum," dedi.

Bunun üzerine iki kardeş baş başa vererek bir süre görüştüler, planlar kurdular. O akşam sofraya oturdukları zaman da manevi babalarına, "Bizim bir isteğimiz var," dediler. "Bize engel olmayacağını umarız."

"Neymiş bakalım bu isteğiniz?"

"Birer usta avcıyız artık. Şimdi hayata atılmak ve dünyayı görüp tanımak istiyoruz. Hem de hemen yapmak istiyoruz bunu."

Bu sözleri duyan avcı sevinçten gözleri yaşararak, "Erkekçe konuştunuz, evlatlarım," dedi. "Ben de sizden bunu beklerdim zaten. İstediğiniz zaman yola çıkabilirsiniz çünkü hayatta başarılı olacağınıza inanıyorum."

Sonra üçü birden, büyük bir neşe içinde gülüp söyleyerek yediler, içtiler.

Gençlerin yola çıkacakları gün geldiğinde manevi babaları onlara güzel birer atla kılıç verdi, birikmiş altınlardan da istedikleri kadarını yanlarına almalarını söyledi. Sonra onları ormanın bir yerine kadar geçirdi, ayrılacakları zaman da bir bıçak armağan etti.

"Gün gelir birbirinizden ayrılmanız gerekirse bu bıçağı yol kenarındaki bir ağaca saplayın," dedi. "Daha sonra aynı yere dönüp gelen kardeş, ötekinin nasıl olduğunu bu bıçağın durumundan anlayabilecekti, çünkü kardeş sağ sağlıklı olduğu sürece bıçağın şu işaretli yanı hep böyle pırıl pırıl kalacak, ama ölürse bıçağın yüzü paslanacaktır."

İki kardeş avcıyla vedalaştıktan sonra yollarına devam ettiler, sonunda uçsuz bucaksız görünen bir

ormana geldiler. Bu ormanı tek bir günde geçebilme-
lerinin olanağı olmadığını görünce ağaçların altında
gecelediler ve çantalarındaki yolluk yiyecekleriyle
karınlarını doyurdular. Ertesi gün yürümeyi sürdür-
dülerse de hâlâ ormandan bir çıkış yolu bulama-
mışlardı; yiyecekleri de bitmişti. Bunun üzerine iç-
lerinden biri, "Bir av vurup yemeliyiz, yoksa açlıktan
öleceğiz," dedi, tüfeğini doldurup çevresine bakındı.
Tam o sırada çalıların arasından çıkan yaşlı bir tav-
şana nişan aldı. Ama o da nesi? Koca tavşan insan
diliyle ona seslenmez mi?

Canım avcı, kıyma bana,
İki yavru vereyim sana.

Böyle diyerek tavşan gene çalıların arasına girdi
ve biraz sonra yanında iki yavru tavşanla dönüp gel-
di, yavruları bırakıp gözden kayboldu. Bu yavrular
öyle şirindiler ve öyle güzel oynaşıyorlardı ki bizim
ikizler onları vurmaya kıyamayıp yanlarına alarak
yürümeyi sürdürdüler.

Az sonra karşılarına bir tilki çıktı, onların ken-
disini vurmaya davrandıklarını görünce o da insan
diliyle yalvardı:

Canım avcı, kıyma bana,
İki yavru vereyim sana.

O da gidip iki tilki yavrusu getirdi, bizim ikizler bunları da vuramadılar ve iki tavşan yavrusuyla birlikte yanlarına aldılar. Şimdi dört yavru onların peşi sıra yürüyordu.

Çok geçmeden karşılarına bir kurt çıktı, avcıların kendisine nişan aldıklarını görünce o da insan diliyle şöyle dedi:

Canım avcı, kıyma bana,
İki yavru vereyim sana.

İkizler onun getirdiği yavruları öbür yavruların yanına katarak yollarına devam ettiler.

Bundan sonra çalıların arasından bir ayı çıktı ve canının bağışlanması için insan diliyle yalvardı:

Canım avcı, kıyma bana,
İki yavru vereyim sana.

Böylece bizim avcıların peşindeki yavru hayvan sürüsüne iki tane daha eklenmiş, bunların sayısı sekize yükselmişti. Son olarak çalıların arasından kim çıkagelse beğenirsiniz? Yelesini dalgalandırarak yürüyen bir aslan! Bizim korkusuz avcılar hemen nişan almışlardı ki aslan da insan diliyle konuştu:

Canım avcı, kıyma bana,
İki yavru vereyim sana.

Sonra gidip iki yavru aslan getirerek ikizlerin yanına bıraktı ve gene çalılar arasında gözden kayboldu.

İkizlerin peşinde şimdi iki tavşan, iki tilki, iki kurt, iki ayı, iki de aslan yavrusu vardı. Bu arada hiçbir şey yememiş oldukları için karınları açlıktan zil çalıyordu. Onlar da tilkileri karşılarına alarak, "Hadi, bize yiyecek bir şeyler bulun bakalım," dediler. "Zekânızla, kurnazlığınızla övünen siz değil misiniz?"

Tilki yavruları, "Bu yakınlarda bir köy var, orada yiyecek bulabilirsiniz," diye yanıtladılar. "Size oranın yolunu gösterelim, isterseniz."

Böylece hep birlikte köye gittiler. Burada ikizler kendileri ve hayvanları için yiyecek aldılar, sonra gene yürümeyi sürdürdüler. Bu yöreyi ve yörenin tavuk kümeslerini iyi bilen tilkiler onlara yol gösteriyordu. Bir süre böyle yaşadılar; ama sonunda bir arada oldukları sürede geçimlerini sağlayamayacaklarını anladılar.

"Çaresiz, ayrılmak zorundayız," diyerek hayvanları paylaştılar. Şimdi her birinin bir aslanı, bir ayısı, bir kurdu, bir tilkisi bir de tavşanı vardı. Yaşlı avcının verdiği bıçağı da yol kıyısındaki bir ağacın gövdesine, bir yüzü doğuyu, öbür yüzü batıyı gösterecek biçimde, yanlılığına sapladılar.

Küçük kardeş bir süre sonra, her köşesi siyah bayraklar ve örtülerle donanmış, büyük bir kente ulaştı. Bir hana giderek hayvanlarıyla birlikte burada geceleyip geceleyemeyeceğini sordu. Hancı ona bir ahır verdi. Ahırın duvarında bir delik vardı. Tavşan buradan kaçarak kendine bir lahana buldu, tilki de bir tavukla bir horoz bulup afiyetle gövdeye indirdi. Gelgelelim delikten geçemeyecek kadar iri olan aslan, ayı ve kurt aç kalmışlardı. Genç avcı han sahibinden bir öküz isteyerek onların karnını da doyurdu. Sonra hancıya, "Bu kent neden böyle yas içinde?" diye sordu.

"Kralımızın tek kızı yarından sonra ölecek de ondan."

Avcı, "Çok hasta demek; ölüm döşeğinde, öyle mi?" diye sordu.

"Yok," diye yanıtladı hancı. "Sağlığı yerinde; ama gene de ölecek işte!"

Avcı, "Nasıl oluyor bu?" diye sordu.

"Kentin karşısındaki şu sarp dağı görüyorsun, değil mi? İşte bunun tepesinde bir ejderha yaşıyor. Bu ejderha her yıl genç bir kız yemek ister; yiyemezse her yanı yakıp yıkacaktır. Yıllardan beri bütün kızlarımızı birer birer ona verdik, son kalan kız da Kralımızın kızı. Onu da ejderhaya vermek zorundayız, çünkü başka çıkar yolumuz yok."

Avcı, "Ejderhayı neden öldürmüyorsunuz?" diye sordu.

"Ah!" dedi hancı. "Bilseniz kaç yiğit şövalye onu öldürmeye yeltendi! Yazık ki hepsi de bu uğurda kendi canlarından oldular. Oysa Kral ejderhayı öldüreni kendi kızıyla evlendirecek, veliaht yapacak."

Bizim ikiz başka bir şey demedi. Ne var ki ertesi sabah erkenden hayvanlarını yanına alarak ejderhanın yuvalandığı dağı tırmandı. Yolda bir küçük dua evi vardı. Avcı içeri girince sunağın üzerinde üç kâsenin durduğunu gördü. Üzerilerinde de, "Bu kâselerin içindekini içen kişi dünyanın en güçlü insanı olacak ve eşiğin altında gömülü duran kılıcı yerinden çıkartabilecektir," diye yazıyordu. Bizim ikiz hiçbir şey içmeden kılıcı arayıp buldu; ama bir türlü kaldıramadı. Bunun üzerine gene içeri girip sunağın üstündeki kâseleri bir bir aldı, içlerindekini içti. O zaman öyle güçlü oldu ki eşiğin altındaki kılıcı hiç zorluksuz yerden kaldırıp aldı, bir tüymüş gibi havada sallamaya başladı.

Şimdi Prenses'in ejderhaya teslim edileceği saat gelip çatmıştı. Kral, maiyeti ve bütün saraylıları zavallı kızla birlikte yola düzüldüler. Uzaktan, dağın tepesinde genç avcıyı görünce ejderha sanarak duraladılar. Gerisin geriye dönmek geldi içlerinden. Gel gör ki ejderhaya ya Prenses'i ya da bütün kenti kurban etmek durumundaydılar. Çaresiz, genç kızı yamaçta tek başına bırakarak, yaşlı gözler, yas dolu yüreklerle saraya döndüler.

Kızcağız şimdi bu ölüm yokuşunu ister istemez tırmanmak zorundaydı. Tepeye varınca uzaktan gör-

müş olduğunun ejderha değil genç bir avcı olduğu-
nu anladı ve şaşırdı. Avcı, "Korkma, ben seni kur-
taracağım," diyerek onu dua evine götürüp kapadı.
Sonra kılıcı eline alıp beklemeye koyuldu.

Çok geçmeden yedi başlı ejderha müthiş homur-
tularla çıkageldi ve genç avcıyı görünce hayretler
içinde, "Sen ne arıyorsun burada, benim dağımın te-
pesinde?" diye sordu.

"Seninle dövüşmeye geldim!"

Ejderha yedi ağzından yedi alev fışkırtarak, "Kaç
yiğit bu uğurda canından oldu!" diye kükredi. "Şimdi
seni de gebertip onların yanına yollayacağım!"

Ağzından fışkıran dumanlar çevresindeki otları
tutuşturmuştu, avcı da bu yangının dumanından bo-
ğulacak gibiydi; ama vefalı hayvanları koşup geldiler,
tepinerek alevleri söndürdüler. Ejderha hışımla onun
üzerine atıldı, gelgelelim bizim ikiz, elindeki kılıcı
şöyle bir sallayınca yaratığın kafalarından üçü bir-
den yere düştü! Şimdi öfkeden iyice kudurmuş olan
ejderha art ayakları üzerinde doğrularak düşmanının
üzerine ateş püskürttüyse de o çevik bir sıçrayışla
yana doğru kaçarak kılıcını salladı ve yaratığın üç ka-
fasını daha kesti. Artık işi bitmiş olan yaratık dizüstü
çöktü, gene de kollarından birini uzatarak avcıyı ya-
kalamaya çalıştı; ama boşuna, genç adam bu kez de
kendini kurtarmayı başardı ve ejderhanın kuyruğunu
kesti. Ne var ki gücü iyice kesilmiş, artık dövüşecek

mecali kalmamıştı. O da hayvanlarını yardıma çağırdı. Hayvanların beşi birden atılarak yerdeki ejderhayı paramparça ettiler.

Dövüş sona erer ermez avcımız hemen dua evine gitti, kapının kilidini açarak içeri girdi. Dövüş sırasında heyecan ve kaygıdan baygın düşmüş olan Prenses yerde yatmaktaydı. Avcı onu dışarıya taşıdı, ayılttığı zaman ona ejderhanın ölüsünü göstererek, "Artık kurtuldun; hiçbir tehlike kalmadı," dedi.

Bu manzarayı görünce Prenses büyük bir sevinçle "Sen de benim eşim olacaksın," diye karşılık verdi. "Çünkü babam beni, ejderhayı öldüren yiğitle evlendireceğine söz verdi." Böyle diyerek boynundaki paha biçilmez mercan kolyeyi çıkardı, mercanları hayvanların arasında bölüştürdü, aslana da kolyenin altın kopçası düştü. Genç avcıya ise Prenses, üstünde kendi adı işli olan ipek mendili verdi. O da gidip ejderhanın yedi dilini keserek bu mendile sardı, yanına aldı.

Efendime söyleyim, genç adam ejderhayla ve onun çıkardığı yangınla boğuşmaktan iyice yorgun düşmüştü. Prenses'e dönerek, "İkimiz de bitkin durumdayız, biraz yatıp uyuyalım, aşağıya sonra ineriz," dedi. Prenses de bunu uygun bulunca çimenlerin üzerine uzandılar. Avcı aslanı çağırarak, "Sen bizim başımızda nöbet tut, kimseyi yaklaştırma," diye sıkıladı.

Çok geçmeden avcıyla Prenses derin bir uykuya daldılar. Aslan da onların başucunda nöbete durdu. Ne var ki bunca dövüşten sonra o da yorgun düşmüş olduğu için bir süre sonra uykusu geldi. Yere uzanarak ayıyı çağırdı.

"Ben biraz kestireceğim," dedi. "Nöbeti sen al, sakın buraya kimseyi yaklaştırma! Bir gelen olursa beni hemen uyandır." Sonra gözlerini yumup uyudu.

Ayı, "Olur," diyerek nöbete durdu, ne var ki çok yorgun olduğu için çok geçmeden onun da uykusu geldi. Bunun üzerine o da nöbeti kurda bırakarak yatıp uyudu.

Kurt da çok yorgundu. Biraz sonra gözlerini açık tutmakta zorluk çekmeye başlayınca tilkiyi çağırarak, "Nöbeti şimdilik devralır mısın?" dedi. "Birazcık uyuyayım!"

Tilki onun yanına gelerek oturdu; ama çok geçmeden esnemeye başlayınca o da tavşanı çağırdı, nöbeti ona bıraktı. Zavallı tavşan da çok uykuluydu; ama onun nöbeti bırakacak kimsesi yoktu. Bir süre uyanık kalmaya çalıştıysa da biraz sonra uykuya yenilerek horuldamaya başladı.

Şimdi hepsi çimenlerin üstünde yatmaktaydılar: avcı, prenses, aslan, ayı, kurt, tilki, tavşan! Ve hepsi de derin uykulardaydılar.

Efendim, bu arada Kral, sarayına dönerken mabeyincisini dağın eteğinde nöbetçi bırakmış, olup biteni uzaktan izlemesini buyurmuştu. Yukarıda seslerin kesildiğini, ejderhanın da Prenses'i kapıp götürmediğini gören mabeyinci bir süre sonra yürek bularak yamacı tırmandı. Yerde paramparça yatan ejderhayı gördü. Prenses'le genç avcı ve avcının hayvanları biraz ötede, çimenlere serilmiş uyumaktaydılar.

Bu mabeyinci çok kötü yürekli, hain bir adamdı. Şimdi kılıcını çektiği gibi avcının başını vurdu sonra Prenses'i kucakladığı gibi dağdan aşağı indirdi. Bunun üzerine uyanan genç kız korkuyla bağırınca mabeyinci, "Benim elimdesin artık!" dedi. "Ejderhayı benim öldürdüğümü söyleyeceksin!"

"Söyleyemem!" dedi Prenses. "Çünkü ejderhayı bir avcıyla hayvanları öldürdü."

Mabeyinci kılıcını çekip onun boğazına dayayarak, "Ya benim dediklerimi yaparsın ya da öbür dünyayı boylarsın!" diye gözdağı verdi.

Sonunda kızcağız ona boyun eğmek zorunda kaldı.

Birlikte saraya döndüler. Biricik kızının ejderhaya yem olduğuna inanan baba onu karşısında dipdiri görünce sevincinden neredeyse uçuyordu. Mabeyinci, "Ejderhayı ben öldürdüm; hem kızınızı hem de bütün kenti kurtardım," dedi. "Şimdi siz de verdiğiniz sözde durarak beni kızınızla evlendirmeli ve tahtınıza vâris ilan etmelisiniz."

Kral kızına dönerek, "Ejderhayı gerçekten o mu öldürdü?" diye sorunca Prenses, çaresiz, "Evet," demek zorunda kaldı.

"Öyleyse mabeyinciyle evleneceksin."

"Peki ama bir şartım var," dedi kız. "Düğünümüzü bir yıl, bir gün sonra yapacağız." Çünkü bu zaman içinde sevgili avcısından bir haber alabilmeyi umuyordu.

Bu arada ejderhanın dağında sadık hayvanlar, kafası kesilmiş sahiplerinin yanında mışıl mışıl uyumaktaydılar. Birden kocaman bir arı çıkageldi. Tavşanın burnuna kondu. Tavşan uykusunun arasında pençesiyle arıyı kovdu, ama bir dakika sonra arı gene geldi. Tavşan onu bir daha kovdu, ne var ki arı üçüncü kez gelip kondu ve bu kez tavşanın burnunu soktu. Can acısıyla iyice uyanan tavşan yerinden fırladı, hemen tilkiyi uyandırdı. Tilki uyanınca kurdu, kurt uyanınca ayıyı, ayı da uyanınca aslanı uyandırdı. Aslan kalkıp çevresine bakınca Prenses'in yerinde yeller estiğini, sevgili efendilerinin de öldürülmüş olduğunu gördü, müthiş bir sesle kükreyerek, "Kim yaptı bu işi?" diye sordu. "Ayı, sen neden uyandırmadın beni?"

Bunun üzerine ayı kurda sordu:

"Neden uyandırmadın beni?"

Kurt, "Neden uyandırmadın beni?" diye tilkiye sordu, tilki de tavşana kafa tuttu:

"Neden uyandırmadın beni?"

Zavallı tavşanın yüklenebileceği kimse olmadı-
ğından bütün suç onun üzerinde kaldı. Hayvanlar
atılıp onu parçalayacaklardı ya, küçük yaratık, "Ca-
nımı bağışlarsanız ben sahibimizi diriltebilirim," diye
onları durdurdu.

"Nasıl dirilteceksin onu?"

"Ben bir kök biliyorum; bu kökü yiyen kişinin bü-
tün hastalıkları ve yaraları iyileşir. Ne var ki bu kökün
yetiştiği dağ buradan iki yüz saatlik yoldadır."

Aslan, "Sana yirmi dört saat süre tanıyorum,"
dedi. "Bu süre içinde oraya giderek şifalı kökü alıp
geleceksin."

Tavşan hemen, peki, diyerek koşup gitti, yirmi
dört saat içinde kökü alıp geldi. Aslan avcının başını
bedenine bitiştirdi, tavşan da şifalı kökü onun du-
daklarının arasına soktu. Anında genç avcı kendine
gelmeye başladı, kalp atışıyla nefesi düzene girdi.
Yalnız aslan acelesinden onun başını bedenine ters
bitiştirmişti, ama delikanlı bunun ayırdına bile var-
madı çünkü aklı fikri Prenses'teydi. Kendine gelip de
onu yanında göremeyince, "Belki beni istemediği için
böyle uykuda bırakıp kaçtı," diye düşünmeye baş-
lamıştı. Derken öğleüzeri, karnı acıkıp da bir şeyler
yemek isteyince başının ters durduğunu anladı ve
hayvanlarına, "Ben uyurken bana neler oldu böyle?"
diye sordu.

Aslan da, "Yorgunluktan hepimiz uyuyup kalmışız," diye anlattı. "Uyandığımızda bir de baktık, Prenses kaçırılmış, sen de öldürülmüşsün. Tavşan kardeş gidip uzak dağdan şifalı kökü getirdi, ben de seni dirilttim ama acelemden başını ters bitiştirmişim. Neyse, sen merak etme, ben onun çaresine hemen bakarım." Böyle diyerek avcının kafasını kesip doğru biçimde boynuna bitiştirdi, tavşan da can veren kökle onun yarasını iyileştirdi.

Prenses'i yitirmenin üzüntüsünden kendini kurtaramayan avcı şimdi hayvanlarını alarak oradan ayrıldı. Oradan oraya giderek, gittiği yerde hayvanlarıyla gösteriler düzenleyerek hayatını kazanmaya başladı.

Bir yıl sonra yolu gene, Prenses'i ejderhadan kurtardığı kente düşmüştü. Bu kez her tarafın siyah değil al bayraklarla donanmış olduğunu gördü. Kaldıkları hanın sahibine, "Bu da nesi?" diye sordu. "Geçen yıl bütün kent yas bayraklarından geçilmiyordu, bu yılsa dört bir yan al bayraklarla dolu."

Han sahibi, "Bir yıl önce biricik Prensesimiz müthiş ejderhaya teslim edilmişti," diye anlattı. "Neyse ki sarayın kahraman mabeyincisi ejderhayla dövüşe tutuşup onu öldürdü. Şimdi de Prenses'le düğünleri yapılacak. O kara bayraklar kentimizin yas belirtisiydi, bu al bayraklarsa sevincimizden bayram ettiğimizi simgeliyor."

Ertesi gün genç avcı han sahibine, "İstersen seninle bahse tutuşalım," dedi. "Bu akşam Kralın sofrasında yemek yiyeceğim."

Han sahibi, "Hayhay!" diye yanıtladı. "Ben de yüz altınına bahse girerim ki böyle bir şey olmayacak."

Avcı, "Görürüz bakalım," diyerek yüz altını masanın üstüne bıraktı. Sonra tavşanına döndü. "Sevgili hopuduk, koş git bana Kral'ın yediği ekmekten getir," dedi.

Efendim, tavşan, hayvanların en küçüğü olduğundan buyuracak kimsesi yoktu, işini kendi yapmak zorundaydı. "Vah başıma gelenler!" diye düşündü. "Tek başıma sokakta hopladığımı gören kasabın köpekleri peşime düşecek!"

Nitekim korktuğu şey, daha sokağa çıkar çıkmaz başına geldi. Onu gören köpekler hemen üzerine atıldılar. Neyse ki tavşan bunun tam zamanında ayırdına vararak bir sıçrayış sıçradığı gibi (orada olmalıydınız da görmeliydiniz!) canını kurtardı ve kendini bir nöbetçi kulübesine attı. Köpekler kulübenin kapısına dayandılarsa da tavşanın içeri girdiğini görmemiş olan ve durumdan bir şey anlamayan nöbetçi onları tüfeğinin dipçiğiyle kovaladı. Köpekler havlayıp uluyarak uzaklaştılar.

Köpeklerin gittiğini görür görmez tavşancık kulübeden çıkarak bacaklarının var hızıyla Kral'ın şatosuna gitti, Prenses'in oturduğu odayı buldu, san-

dalyenin altına gizlenerek kızın bacağını tırmalamaya başladı.

Prenses bunu kendi köpeğinin yaptığını sanarak, "Uslu dursana sen!" dedi. Tavşan gene onun bacağını tırmaladı. Prenses bunun üzerine bir daha, "Uslu dursana sen!" dedi. Ama tırmalama devam ediyordu. Sonunda Prenses eğilip sandalyenin altına baktı ve tavşanı boynundaki mercandan tanıyarak hemen kucağına alıp odasına götürdü. Orada, "Ne var, sevgili tavşan?" diye sordu ona.

"Sahibim, yani ejderhayı öldürüp sizi kurtarmış olan avcı geri geldi," dedi tavşan. "Beni o yolladı. Kral'ın yediği ekmekten bir parça istiyor."

Bu sözleri duyan Prenses son derece sevindi, hemen hizmetçisini çağırarak Kral'ın yediği cins ekmekten birkaç dilim istedi. Ekmek gelince tavşan, "Bunu hana kadar sarayın fırıncısı götürsün, yoksa kasabın köpekleri yolda beni paralar, ekmeği de kaparlar," dedi.

Böylece fırıncı ekmeği han kapısına kadar götürdü. Burada tavşan ekmeği pençelerinin arasına alıp içeri girdi, sahibinin yanına gitti.

Avcı ekmeği görünce han sahibine, "İşte, dostum, Kral'ın sofrasında yenilen ekmek!" dedi. "Demek ki yüz altını ben kazandım!"

Hancı bu işe şaşıp kalmıştı ama avcı, "Hepsi bu kadar da değil," dedi. "Şimdi de Kral'ın yediği etten yiyeceğim."

Hancı bu sözlere biraz dudak büktüyse de ikinci kez bahse tutuşmadı. Avcıysa tilkisini çağırarak, "Sevgili tilkim, git bana Kral'ın sofrasına çıkacak olan etten bir parça getir," diye rica etti.

Tavşandan daha kurnaz olan tilki arka yollardan dolaşarak hiçbir köpeğe rastlamadan saraya gitti, gizlice içeri girdi, Prenses'in oturduğu sandalyenin altına sokuldu. Bacağının tırmalandığını duyan Prenses bu kez hemen eğilip baktı, tilkiyi boynundaki mercandan tanıdı, odasına götürerek,

"Ne var, sevgili tilki?" diye sordu.

"Ejderhayı öldüren sahibim beni size yolladı. Kral'ın sofrasına gidecek olan etin bir parçasını istiyor."

Prenses aşçıbaşını çağırarak bir tabak et yemeği alıp han kapısına götürmesini emretti. Burada eti teslim alan tilki önce kuyruğunu şöyle bir sallayarak sinekleri kovduktan sonra sahibine götürdü.

Bunun üzerine avcı han sahibine dönerek, "İşte gördün mü, dostum, Kral'ın ekmeğiyle eti önümde," dedi. "Şimdi de sebzelerinden getirteceğim!" Sonra kurdu yanına çağırdı: "Sevgili kurdum, hemen saraya gidip bana Kral'ın sofrasına çıkacak olan sebzelerden getirir misin?"

Kurt hemen yola çıkarak dosdoğru saraya gitti, Prenses'i bularak eteğinden çekti. Prenses dönüp bakınca kurdu gördü ve boynundaki mercandan tanıyarak, "Ne var, sevgili kurt?" diye sordu.

"Ejderhayı öldürüp sizi kurtaran sahibim geri geldi, beni size yolladı. Kral'ın sofrasına çıkacak olan sebzelerden istiyor."

Bunun üzerine Prenses aşçıbaşıyı çağırarak bir tabak sebze hazırlattı ve hanın kapısına kadar götürmesini söyledi. Kapıda sebze tabağını kurt aşçıdan alarak sahibine götürdü. Avcı da han sahibine dönerek, "İşte, dostum," dedi. "Kral'ın yediği cinsten ekmek, et ve sebzeler önümde. Ama hepsi bu kadar değil. Kral'ın yediği tatlıdan da yiyeceğim!" Sonra ayısını yanına çağırdı, "Sevgili ayım, hemen Kral'ın şatosuna gider, bu gece onun sofrasına çıkacak olan tatlıdan biraz alıp bana getirir misin?" dedi.

Ayı anında sokağa çıktı ve sarayın yolunu tuttu. Onu gören herkes kaçışıyor; ama o hiç istifini bozmadan uzun uzun adımlarla yoluna devam ediyordu. Gelgelelim saray kapısındaki nöbetçi onu görünce hemen tüfeğini doğrulttu, içeri girmesine izin vermedi. Ama böyle kafa tutmak ayıya söker mi? Bizimki hemen art ayakları üzerinde doğrularak nöbetçinin bir sağ yanağına, bir sol yanağına şamar indirdiği gibi onu yere devirdi, sonra sallana sallana içeri girip Prenses'i buldu. Hafif bir homurtu çıkarmasıyla Prenses onu gördü, boynundaki mercandan tanıyarak alıp odasına götürdü.

"Ne var, sevgili ayı?" diye sordu.

"Ejderhayı öldürmüş olan efendim beni size yolladı, Kral'ın sofrasına çıkacak olan tatlıdan istiyor."

Prenses de saray tatlıcısını çağırdı, Kral'ın o akşam yiyeceği tatlıdan ayırıp han kapısına götürmesini buyurdu. Kapıda ayı tatlıyı tatlıcının elinden aldı, bu arada eline yapışan şekerleri yaladıktan sonra sahibine götürdü. Bunun üzerine avcı han sahibine, "İşte, dostum," dedi. "Kral'ın sofrasındaki ekmek, et, sebze ve tatlı benim önümde. Ama bu yetmez! Ben Kral'ın içtiği şaraptan da içeceğim!"

Bu kez de aslanı yanına çağırarak, "Sevgili aslanım, boğazım kurudu," dedi. "Lütfen gider, Kral'ın içtiği cinsten bir şişe şarap getirir misin?"

Şimdi aslan sarayın yolunu tuttu. Onu gören herkes kaçışıyor; ama o hiç istifini bozmadan gururlu adımlarla yürüyordu. Sonunda Kral'ın şatosunun önüne geldi. Nöbetçiler ona engel olmaya çalıştılarsa da onun şöyle bir kükremesi üzerine çil yavrusu gibi dağıldılar, o da gidip Prenses'in kapısına kuyruğuyla vurdu.

Prenses kapıyı açınca aslanı gördü, boynundaki altın kopçadan tanıyarak, "Sevgili aslan, ne istiyorsun?" diye sordu.

"Ejderhayı öldüren efendim beni size yolladı, Kral'ın içtiği şaraptan bir şişe istiyor."

Bunun üzerine Prenses başuşağı çağırarak babasının içtiği şaraptan bir şişeye boşaltıp getirmesini buyurdu. Uşak, "Mahzene inip alayım, efendim," dedi.

Aslan hemen, "Dur, ben de seninle geliyorum," diyerek onun yanı sıra mahzene indi. Uşağın niyeti aslana sıradan bir şarap vermekti ama aslan, "Dur, önce ben tadına bakacağım," diyerek onun seçtiği fıçıya yanaştı, bir kupa şarap doldurup içti. Başını yandan yana sarsarak, "I-ıh!" dedi. "Bizim istediğimiz şarap bu değil." Gerçekten de bu fıçıdaki, sarayın hizmetçilerinin içtiği şaraptı.

Başuşak bunun üzerine bir başka fıçıya yürüdü –ki bu da saraydaki yöneticilerin sofrasına çıkan şarapla doluydu– ama aslan, "Dur, önce ben tadına bakacağım," diyerek bir kupa şarap alıp içti. Başını yandan yana sarsarak, "I-ıh!" dedi. "Bu gerçi daha iyi, ama gene de bizim istediğimiz değil."

Bunu duyunca tepesi atan uşak, "Senin gibi şapşal bir inek şaraptan ne anlar?" diye homurdandı. Aslan da pençesinin bir vuruşuyla onu yere devirdi. Uşak kendine gelip ayağa kalkar kalkmaz gıkını bile çıkarmadan aslanın önüne düştü, onu mahzenin özel bir bölümüne götürdü ki burada Kral'ın içtiği şaraplar durur, bu fıçılara kimse el süremezdi. Ama bizim aslan hemen fıçının musluğunu açıp bir kupa şarap doldurarak içti, "Evet, istediğimiz şarap sanırım bu," dedi. "Şundan altı şişe doldur bana."

Şarapları bir sepete koyarak yukarı çıktılar. Aslanın biraz başı döndüğü için sepeti han kapısına kadar başuşak taşıdı. Orada aslan şarap sepetini gene ağzına alarak sahibine götürdü.

Avcı bunu görünce han sahibine dönerek, "İşte, dostum," dedi. "Bu akşam Kral'ın sofrasına çıkacak olan ekmek, et, sebze, tatlı, şarap, hepsi benim önümde! Ben de şimdi sadık hayvanlarımla birlikte karnımı doyuracağım."

Böylece hep birlikte sofraya oturarak yediler, içtiler, çünkü avcı hayvanlarından hiçbir şey esirgememişti ve Prenses'in onu hâlâ sevdiğini anladığı için çok mutluydu. Aslan, ayı, kurt, tilki ve tavşanla birlikte karnını iyice doyurduktan sonra han sahibine dönerek, "Dostum, işte gördün," dedi. "Kral'ın sofrasında ne varsa hepsinden yedim içtim. Şimdi de gidip kralın kızıyla evleneceğim,"

"İşte bunun olanağı yok," dedi hancı. "Prensesimiz başkasıyla nişanlı, bu gece de düğünü olacak."

Avcı da ejderhanın dağında Prenses'in kendine vermiş olduğu mendili çıkararak ejderhanın yedi başından kesip sakladığı yedi dili gösterdi, "İşte bunların sayesinde başaracağım bu işi," dedi.

Han sahibi avcının elindeki mendile baktı, baktı, sonra, "Sen ne dersen de, ben gene bu işin gerçekleşemeyeceğine inanıyorum," dedi. "Evimle bahçem üzerine bahse girerim."

Bunun üzerine bizim genç de içinde bin altın bulunan bir kese çıkararak, "Ben de bunun üzerine bahse giriyorum," dedi.

Bu arada şatosunda Kral, kızını huzuruna çağırmıştı. "Neler oluyor bugün burada?" diye sordu. "Bir sürü yaban hayvanı saraya girip çıkıyor, yanına gelip seninle konuşuyor."

Prenses, "Neler olduğunu size anlatmayı göze alamıyorum," diye yanıtladı. "En iyisi siz bu hayvanların sahibini buraya çağırın, ona sorun."

İyice merakı depreşmiş olan Kral hemen bu esrarengiz yabancıyı saraya çağırtmak için hana bir haberci saldı. Haberci hana ulaştığı sırada bizim avcıyla han sahibi yeni bahse tutuşmuşlardı. Genç adam gülerek hancıya, "İşte dostum," dedi. "Görüyorsun ya, Kral Hazretleri beni yanına aldırmak için özel haberci bile gönderiyor!"

Sonra haberciye döndü: "Kral Hazretleri'ne saygılarımı sun. Saraya gelmemi istiyorsa bana saraylı giysileriyle altı atlı bir fayton, birkaç da uşak yollasın!"

Haberci hemen saraya koşup bu sözleri Kral'a iletti. O da kızına dönerek, "Bu da ne demek oluyor?" diye sordu. "Ne yapayım ben şimdi?"

Kızı da, "Bu adamın dediğini yapın, pişman olmayacaksınız," diye karşılık verdi.

Bunun üzerine Kral birtakım saray elbisesi hazırlattı, altı atlı bir fayton ve birkaç uşakla birlikte hana yolladı. Bunları gören genç avcı han sahibine dönerek, "İşte dostum," dedi. "Görüyorsun ya, Kral benim bütün istediklerimi yollamış! Beni, tam benim istediğim gibi, huzuruna aldırıyor."

Böyle diyerek saray elbiselerini giydi, mendili yanına alıp arabaya binerek saraya gitti.

Kral onun geldiğini görünce, "Nasıl karşılayayım bu adamı?" diye kızına sordu.

Kızı da, "Çıkın, kapıdan karşılayın, pişman olmazsınız," dedi.

Böylece Kral dışarı çıkıp bizim oğlanı kapıda karşıladı, hayvanlarıyla birlikte salona aldı, salona getirip kızıyla kendi yanına oturttu. Hain mabeyinci de, damat sıfatıyla, kralın öbür yanında oturuyordu. Bizim oğlan çevresine bakınınca, öldürdüğü ejderhanın içi doldurularak duvara asılmış durduğunu gördü. Kral da onun baktığını görünce, "Bu ejderhanın yedi başını bizim mabeyincimiz kesti," dedi. "Ben de kendisini bugün kızımla evlendiriyorum."

Bunu duyan avcı ayağa kalktı, gidip dolgu ejderhanın yedi ağzını açarak, "Bu ağızların içinde neden dil yok?" diye sordu.

Şimdi mabeyinci sapsarı kesilmiş, korkudan titremeye başlamıştı. Sonunda, başka ne diyeceğini bilemeyerek, "Ejderhaların dilleri olmaz ki!" diye mırıldandı.

Avcı, "Asıl yalancıların dillerini kesmek gerek!" diye karşılık verdi. "Ejderhanın dilleriniyse ejderhayı öldürenden sormalı!" Böyle diyerek mendilini açtı, dilleri ortaya döktü, sonra birer birer alarak ejderhanın yedi ağzının içine yerleştirdi. Dillerin hepsi de ağızların içine tıpatıp oturmuştu. Şimdi genç adam mendili alıp üzerinde işli olan ismi Kral'a gösterdi ve Prenses'e, "Siz bu mendili kime vermiştiniz?" diye sordu.

Prenses, "Ejderhayı öldürene," diye yanıtladı.

Avcı bu kez hayvanlarını yanına çağırdı, boyunlarındaki mercanları (ve aslanın boynundaki altın kopçayı) bir araya getirerek Prenses'e, "Bu kolye kimin?" diye sordu.

"Kolye benimdi," dedi Prenses. "Ejderhayı öldürmeye yardım eden sadık hayvanların arasında bölüştürdüm onu."

O zaman avcı Kral'a, "Ejderhayı öldürdükten sonra, dövüşün yorgunluğuyla yatıp uyuduğum sırada mabeyinciniz gelip kafamı kesmiş," diye anlatmaya başladı. "Prenses'i de kaçırmış, ejderhayı kendisinin öldürdüğünü söylemeye başlamış. Şimdi ben de onun yalancı bir hain olduğunu söylüyorum, kanıt olarak da bu yedi dili, kolyeyi ve mendili size arz ediyorum."

Kral, "Peki, hani mabeyinci senin kafanı kesmişti?" diye sordu.

Avcı da ona, sadık hayvanlarının kendisini nasıl harika bir kökle iyileştirdiklerini, nasıl bir yıl hayvanlarıyla diyar diyar dolaştıktan sonra bir rastlantıyla kendini burada bulduğunu, hancının söylediklerini dinleyince mabeyincinin ihanetini tahmin ettiğini anlattı.

Kral bunu duyunca kızına dönerek, "Ejderhayı bu gencin öldürdüğü doğru mu?" diye sordu.

"Evet, babacığım," dedi Prenses. "Açıklamaktan korkuyordum, çünkü mabeyinci beni de öldüreceğini söylüyordu. Belki gerçek bir başka yoldan ortaya çıkar diye düğünü bir yıl bir gün ertelettim. Nitekim istediğim oldu."

Bunun üzerine Kral, huzuruna on iki yargıç çağırdı ve mabeyinciyi yargılamalarını buyurdu. Onlar da mabeyinciyi dört öküze bağlanarak parçalanmaya mahkûm ettiler.

Hüküm infaz edildikten sonra Kral kızını avcıyla evlendirdi ve genç adamı tüm mülküne genel vali olarak atadı. Düğün son derece görkemli ve neşeli geçti. Genç adam babasıyla manevi babasını da çağırmış, onları zengin armağanlara boğmuştu. Bu arada han sahibini de unutmuş değildi. Onu düğüne çağırdı ve "İşte dostum, görüyorsun ya, Kral'ın kızıyla sahiden evlendim!" dedi. "Demek ki evinle bahçen artık benim oldu."

Hancı, "Oyunun kuralına göre, evet," diye boynunu büktü.

Ama genç avcı, "Benim için geçerli olan oyunun değil, insanlığın kuralıdır," dedi. "Evinle bahçen senin olsun. Buna ek olarak bahse tutuşurken ortaya koyduğum bin altını da sana veriyorum."

Avcımız artık, "Genç Kral" adıyla anılıyor ve genç

kraliçesiyle birlikte çok mutlu yaşıyordu. Avlanmayı çok sevdiği için boş zamanlarında sık sık ava çıkıyor, sadık hayvanlarını da yanına alıyordu.

O dolaylarda büyük bir orman vardı. Bu ormanın perili olduğu, içine girenin bir daha kolay kolay çıkamadığı söyleniyordu. Gelgelelim Genç Kral bu ormanda avlanmayı aklına koymuştu. Bu konuda Yaşlı Kral'ın o kadar başının etini yedi ki sonunda istediği izni kopardı. Yanına kalabalık bir avcı grubu alarak atına binip yola çıktı. Ormana yaklaştığı zaman kar beyazlığında bir ceylanın ağaçların arasında koşarak gözden yittiğini gördü. Yanındakilere, "Siz burada beni bekleyin," deyip yanına yalnızca sadık hayvanlarını alarak atını ormana sürdü.

Avcılar akşam olup karanlık basana değin onu beklediler, gelmediğini görünce saraya dönerek Genç Kraliçe'ye kocasının bir beyaz ceylan peşinden perili ormana girdiğini, bir daha da geri dönmediğini söylediler. Bunu öğrenince Kraliçe büyük bir üzüntü ve kaygıya kapıldı.

Beri yandan kocası, önü sıra koşan o güzelim beyaz ceylanın peşinden ormanın iyice derinlerine dalmıştı. Ceylan rüzgâr gibi koşuyor, genç adam tam nişan alıp vurabileceğini sandığı anda onun kıvrak bir sıçrayışla gene uzaklaştığını görüyordu. Bir süre sonra ceylan gözden tamamen yitti. O zaman dört bir yanına bakınan Genç Kral ormanın ne kadar içlerine

girmiş olduğunu algıladı ve borusunu çıkararak öt-
türdüyse de hiçbir karşılık alamadı, çünkü adamları o
kadar uzakta kalmışlardı ki onu duyamıyorlardı. Çok
geçmeden karanlık basmaya başladı. O gece eve dö-
nemeyeceğini gören Genç Kral atından indi, bir ateş
yakıp orada sabahlamaya hazırlandı.

Ateş başında, sadık hayvanlarıyla çevrili olarak
oturduğu sırada birden bir insan sesi onu çağırı-
yormuş gibi geldi. Çevresine bakındıysa da kimseyi
göremedi. Ama biraz sonra ses gene duyuldu: Sanki
birisi inildiyordu. Genç adam bu kez yukarı doğru
baktı ve ağaç dalına oturmuş bir ihtiyar kadın gördü.
Koca nine, "Ah, aman, donuyorum soğuktan!" diye
sızlanıyordu.

Bizimki, "Madem üşüyorsun, in aşağı da ateş ba-
şında ısın," dedi.

"Olmaz. Hayvanların beni yer sonra."

"Yemezler, teyzeciğim, hadi gel şuraya."

Ne var ki bu kocakarı bir cadıydı. "Aşağı bir dal atacağım," dedi. "Bununla sırtlarına vurursan hayvanlar bana bir şey yapmaz."

Genç kral, cadının attığı dalı alıp hayvanların sırtlarına dokundu. Hayvancıklar gerçekten de uslu uslu yatıp kaldılar çünkü taş kesilmişlerdi! Bunu gören cadı hemen ağaçtan aşağı atlayarak genç adama da bir dalla dokundu, onu da taşa çevirdi. Sonra da bir kahkaha atarak bütün taşları bir mezara gömdü. Mezarda onlara benzer daha bir sürü taş vardı.

Bu arada Genç Kraliçe ormandan bir türlü dönmeyen kocasının yollarını gözlüyor, her geçen gün onun üzüntüsü ve kaygısını artırıyordu.

Rastlantıya bakın ki tam o sırada öteki ikiz kente gelmez mi? Bu genç, kardeşinden ayrıldığı zaman doğu yönünde gitmiş, bir türlü iyi bir iş bulamayarak kent kent dolaşmıştı. Hayvanlarını oynatarak geçimini çıkarıyordu. Bir keresinde geri dönmüş, iki kardeş ayrılırlarken ağaca sapladıkları bıçağa bakmıştı ki bir de ne görsün? Kardeşinin durumunu belirten yüzün yarısı paslı, yarısı parlaktı. Bunu görünce genç avcı korktu, üzüldü, kardeşinin başına büyük bir felaket gelmiş olduğunu kestirdi. Gene de onu kurtarabileceğine inanıyordu. Bıçağın yüzünün yarısı parlak değil miydi?

Böylece o da sadık hayvanlarını yanına alıp batıya doğru gitti. Gel zaman git zaman kendini başkentte buldu. Ama o da nesi? Kent kapısındaki nöbetçi onu görür görmez koşup gelmez mi?

"Efendimiz, geldiğinizi eşinize hemen bildirelim!" diye bağırdı genç asker. "Çünkü kendisi iki gündür, iki gözü iki çeşme, sizin yollarınızı bekliyor, perili ormanda yitip gitmiş olmanızdan korkuyor." Karşısındakini Genç Kral sanmıştı, besbelli! Başka türlü de olamazdı çünkü bu avcı yitik gence tıpkı tıpkısına benziyordu, hatta yanındaki hayvanlar bile aynıydı.

Avcı da askerin onu kardeşiyle karıştırmış olduğunu anlamıştı. Şimdilik onun yanlışını düzeltmemeyi tercih etti. Bu yoldan Kral'ın sarayına kolayca girerek kardeşinin durumunu öğrenebilir ve onu başında dolaşan tehlikeden kurtarabilirdi.

Böylece avcımız nöbetçinin peşi sıra şatoya girdi ve biraz sonra kendisini Genç Kraliçe'nin yanında buldu. Genç kadın da tıpkı nöbetçi gibi onu Genç Kral sanmıştı. Hemen boynuna sarılarak, "Nerelerdesin bunca zamandır? Seni çok merak ettim," dedi. O da bir ormanda yolunu yitirdiği için uzun zaman oyalandığını söyledi.

Avcı birkaç gün şatoda kalarak dinlendi ama aklı fikri perili ormandaydı. "Gene orada ava çıkmalıyım," diyordu. Yaşlı Kral'la Genç Kraliçe onu bu plandan caydırmak için ellerinden geleni yaptılar, ama başarılı olamadılar. Sonunda avcı yanında bir sürü adamla birlikte yola çıktı, perili ormanın yolunu tuttu.

Ormana gelir gelmez kardeşinin başına gelenler onun da başına geldi. Karşısına çıkan beyaz bir ceylan onu adamlarından ayırıp peşine takarak ormanın gizemli derinlerine çekti kardeşi gibi o da beyaz ceylanı bir türlü yakalayamayarak ormanda gecelemek zorunda kaldı. Geceleyin bir ateş yakıp başına geçtiği zaman yakında bir sesin, "Ah, aman, donuyorum soğuktan!" diye sızlandığını duyarak başını kaldırınca ağaç dalında oturan bir kocakarı gördü. Bu, kardeşinin de görmüş olduğu cadıdan başkası değildi. Kardeşi gibi avcı da ona, "Çok üşüyorsan aşağı gelip ateşte ısınsana," dedi.

"Olmaz. Yanındaki hayvanlar sonra beni yerler."

Genç adam, "Korkma, yemezler," dedi.

Cadı karı da, "Onlara şu atacağım dalla vurursan uslu dururlar, ben de inerim," diye karşılık verdi.

Ne var ki genç avcı karının bu sözlerini kuşkuyla karşıladı. "Ben hayvanlarıma vurmam," dedi. "Hadi, çabuk gel buraya, yoksa ben gelip seni alırım."

Kocakarı alaycı bir kahkahayla, "Alnını karışlarım! Sen bana hiçbir şey yapamazsın!" diye karşılık verdi.

"İn aşağı, yoksa seni vururum!"

Cadı gene alaylı bir kahkaha atarak, "Vur, vurabildiğin kadar, senin kurşunların bana vız gelir!" dedi.

Avcı yere diz çöküp nişan alarak tetiği çekti ama kocakarıya bir şeycikler olmadı çünkü ona kurşun işlemezdi. Nitekim cadı şimdi gene kahkahayı basarak, "Sen beni yakalayamazsın!" diye bağırdı.

Ama avcının da bir bildiği vardı elbet! Genç adam hemen ceketinden üç gümüş düğme kopararak tüfeğine sürdü. Koca cadı bunu görünce bir çığlık kopararak kendini yere attı çünkü kendisi gibi yaratıkların gümüş kurşunla vurulabileceğini biliyordu.

Avcı şimdi ayağını onun boynuna dayayarak, "Pis cadı, kardeşimi ne yaptığını hemen söylemezsen ellerini bağlayıp seni ateşe atarım!" diye haykırdı.

Cadı can acısıyla kıvranarak, "Bırak beni gideyim," diye yalvardı. "Kardeşinin ne olduğunu söyleyeceğim. Hayvanlarıyla birlikte bir mezarda yatıyor, hepsi de taş kesilmiş."

"Koca cadı, yürü bakalım," dedi avcı. Birlikte mezar başına gittiler. Mezarı açıp taş kesilmiş avcıyla hayvanlarını gördüler. Avcı, "Cadaloz seni, şimdi buradakilerin hepsini gene gerçek biçimlerine döndür, yoksa ateşte cayır cayır yandığın gündür!" diye bağırdı.

Cadı elindeki sihirli dalla mezardaki taşlara dokunur dokunmaz avcı yitik kardeşiyle sadık hayvanlarını karşısında bulmaz mı? Onların yanı sıra büyücünün hışmına uğrayıp taşa dönüşmüş daha bir sürü insan, at ve köpek vardı. Bu kimseler büyüden kurtulmuş olduklarına sevinerek bizim avcıya teşekkür edip evlerine dönünce ikiz kardeşler karşı karşıya kaldılar. Büyük bir sevinçle kucaklaştılar, sonra kötü ruhlu cadıyı kıskıvrak bağlayarak ateşe attılar.

Cadının yanıp kül olmasıyla tüm büyüler kalkınca orman da ortadan kayboldu, çevrede tek bir ağaç bile kalmadı. Uzaktan Kral'ın şatosunu gördüler. O yana doğru yürürken yolda birbirlerine başlarından geçenleri anlattılar. Genç Kral nasıl bütün ülkenin genel valisi olduğunu ve ülkeyi yaşlı kral adına kendisinin yönettiğini anlatınca ikizi, "Ben bunların hepsinin ayırdındayım," diye karşılık verdi. "Çünkü başkente girdiğim zaman beni sen sanan askerler hemen alıp saraya götürdüler. Orada çok izzet ikram ve saygı gördüm. Hatta beni kocası sanan Genç Kraliçe sofrada yanına oturtmakla kalmadı, geceleyin odasında yatmama bile izin verdi."

Genç Kral bu sözleri duyunca kıskançlığa kapılarak öylesine öfkelendi, öyle taştı köpürdü ki kılıcını çektiği gibi kardeşinin başını uçurdu. Ama bunu yapıp da kızıl kanların aktığını görür görmez pişmanlık getirerek, "Kardeşim beni kurtardı, oysa ben onu öldürdüm!" diye saçını başını yolmaya başladı.

Bunu gören sadık tavşanı hemen koştu, can veren sihirli kökü bulup getirdi, bu sayede genç avcı gene hayata kavuştu. İki kardeş kucaklaştılar ve bir daha birbirlerinden ayrılmamaya yemin ederek gene şatonun yolunu tuttular. Yolda giderken şatodakilere bir oyun oynamaya karar verdiler.

Genç Kral, "Şimdi her birimiz sadık hayvanlarımızı alarak birbirimizden ayrılalım," diye öneride bulundu. "Kente iki ayrı kapıdan girelim ve Kral'ın huzuruna aynı zamanda çıkarak herkesi şaşırtalım."

Dedikleri gibi yaparak ayrıldılar. Biraz sonra kentin iki ayrı kapısından iki ayrı nöbetçi gelerek Kral'a genç genel valisiyle sadık hayvanlarının geri dönmüş olduğunu bildirdi.

Kral bunu duyunca şaşkın şaşkın kafasını kaşıyarak, "Olamaz!" dedi. "Çünkü sizin kapılarınızın arasında iki kilometre uzaklık var."

Bu arada bizim ikizler saray avlusuna girmiş, merdiveni çıkmaya başlamışlardı bile. Salona girdikleri zaman onlara bakıp kalan Yaşlı Kral kızına döndü:

"Söyle bakalım, bu gençlerden hangisi senin kocan? İkisi birbirinin öyle eşi ki ben onları birbirinden ayırt edemiyorum."

Şimdi genç kraliçe de şaşkınlığa düşmüştü, karşısındaki gençleri o da birbirinden ayırt edemiyordu. Neyse ki gözleri birden aslanlardan birinin boynundaki altın kopçaya takılınca gözleri parladı. "İşte! Bu aslanın sahibi benim kocamdır!" diye bağırdı.

Genç Kral da, "Evet, öyle," diyerek güldü.

Hep birlikte sofraya oturdular, yiyip içerek bu mutlu buluşmayı kutladılar. O gece kendi odalarında baş başa kaldıkları zaman Genç Kraliçe kocasına,

"Neden dün geceyle öncesi gece yatağa, ikimizin arasına kılıcını uzattın?" diye sordu. "Beni öldürmek istediğini sandım!"

O zaman Genç Kral ikiz kardeşinin kendine ne denli sadık olduğunu yeniden anlayarak daha da mutlu oldu.

Kitapla ilgili düşüncelerim:

[
....
....
....
]

Okumaktan hiç vazgeçmemen dileğiyle...